Verfassung Des Deutschen Reichs: (Gegeben Berlin, Den 16. April 1871.)

Ludwig Von Rönne, Germany

Verfassung

des

Deutschen Reichs.

(Gegeben Berlin, den 16. April 1871.)

Text-Ausgabe mit Ergänzungen, Anmerkungen
und Sachregister

von

Dr. L. von Rönne.

Vierte vermehrte Auflage.

Berlin und Leipzig

Verlag von J. Guttentag (D. Collin).

1882.

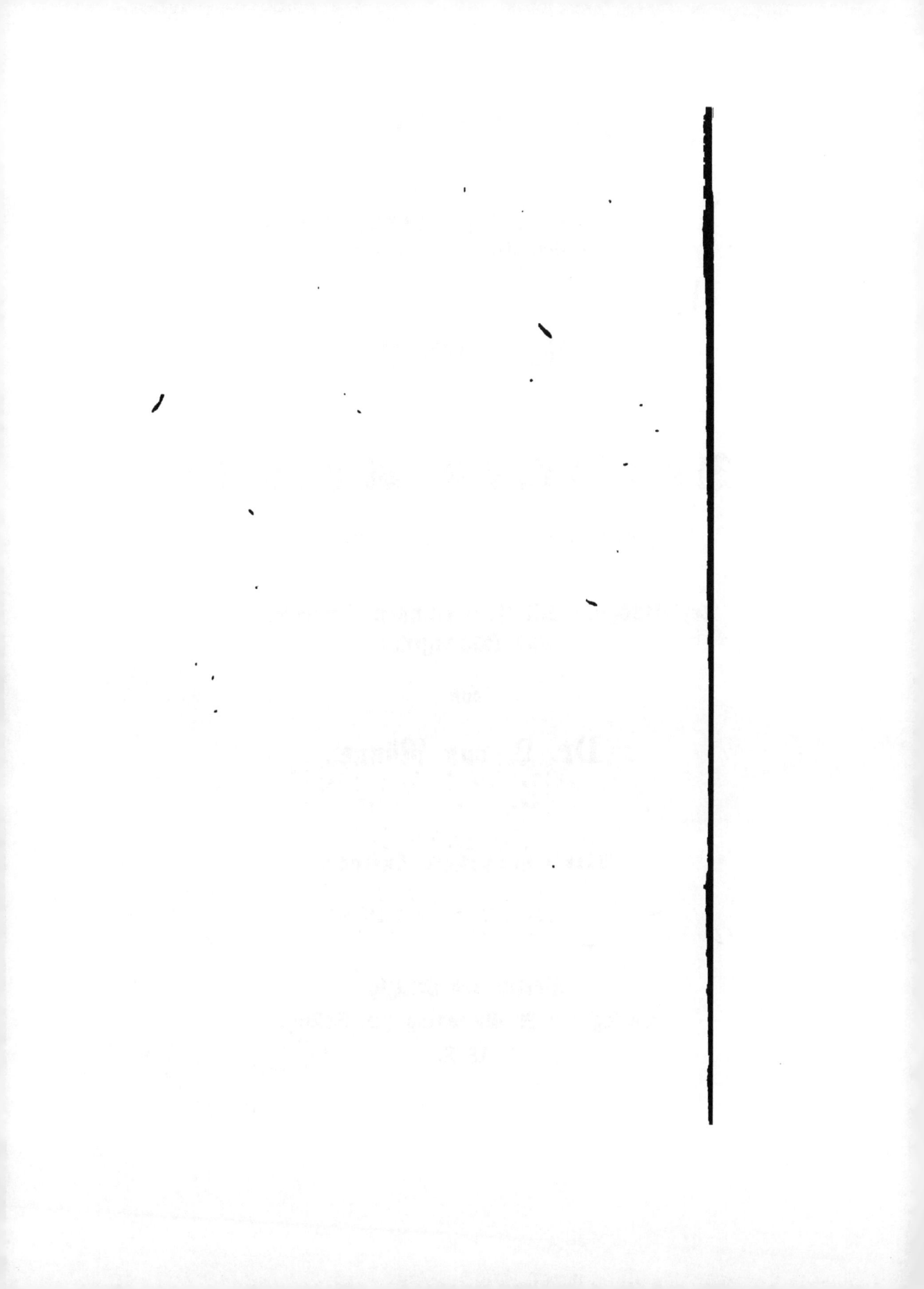

Deutsche Reichsgesetzgebung. v. I.

Text-Ausgaben mit Anmerkungen.

[1]

Verfassung

des

Deutschen Reichs.

(Gegeben Berlin, den 16. April 1871.)

Text-Ausgabe mit Ergänzungen, Anmerkungen
und Sachregister

von

Dr. L. von Rönne.

Vierte vermehrte Auflage.

Berlin und Leipzig

Verlag von J. Guttentag (D. Collin).

1882.

Vorbemerkung.

Die vierte Auflage der „Verfassung des Deutschen Reichs" enthält, gleich den früheren, in ihrer Einleitung die gedrängte Darstellung der Entstehungsgeschichte des Reichsgrundgesetzes. Hieran schließen sich unter I. das Gesetz vom 16. April 1871, betreffend die Verfassung des Deutschen Reichs (das sogenannte Einführungsgesetz) und unter II. die Verfassung selbst. Zu dem Einführungsgesetze sind, in den Anlagen I. bis VIII., die in demselben in Bezug genommenen Vertragsbestimmungen und das Gesetz vom 22. April 1871, betreffend die Einführung Norddeutscher Bundesgesetze in Bayern, vollständig mitgetheilt. Zum Texte der Verfassung sind die dieselbe ergänzenden, beziehungsweise erläuternden Reichsgesetze bei den betreffenden Artikeln gleichfalls ihrem vollständigen Wortlaute nach, die in der Schluß-bestimmung zum Abschn. IX. in Bezug genommenen Bestimmungen des Bündnißvertrages mit Bayern vom

23. November 1870 unter III. § 5 und der Militair=
konvention mit Württemberg vom 21./25. November 1870
dagegen in den Anlagen X. und XI. gegeben. Außer=
dem sind zu jedem Artikel die darauf gegründeten, bis
jetzt ergangenen Bundes=, beziehungsweise Reichsgesetze,
und die auf dieselben bezüglichen Ausführungserlasse in
systematischer Anreihung an die Bestimmungen der Ver=
fassung angegeben. Die auf Grund des Art. 4 Nr. 13
der Reichsverfassung bis jetzt erlassenen Bundes=, be=
ziehungsweise Reichsgesetze sind in einer besonderen
Uebersicht (Anlage IX.) zusammengestellt. Insbesondere
hat auch die das Reichsland Elsaß=Lothringen be=
treffende Reichsgesetzgebung vollständige Berücksichtigung
gefunden.

Abkürzungen.

Abs. = Absatz.

ad v. = ad vocem.

Art. = Artikel.

BG. = Bundesgesetz.

BGB. = Bundesgesetzblatt.

C. B. des D. R. = Centralblatt für das Deutsche Reich.

D. R. = Deutsches Reich.

G. = Gesetz.

GB. f. Els.-Lothr. = Gesetzblatt für Elsaß-Lothringen.

Pr. GS. = Preußische Gesetzsammlung.

Prot. = Protokoll.

RCBl. = Centralblatt für das Deutsche Reich.

RG. = Reichsgesetz.

RGB. = Reichsgesetzblatt.

Reichsverf. = Reichsverfassung.

V. = Verordnung.

Vertr. = Vertrag.

das

_____ _____   n. In

1806 trat

en kleineren

Mitglieder des=

7. Dez. 1807

igreich Westphalen

ndes erklärt, welcher

1

Zur Geschichte
der
Verfassung des Deutschen Reiches.

(Vgl. die Einleitung zu v. Rönne's Staatsrecht des Deutschen Reiches. Zweite Auflage. Leipzig, 1876.)

In dem Friedenstraktate von Preßburg v. 26. Dez. 1805 hatte Oesterreich die neu geschaffenen Königskronen von Bayern und Württemberg und die volle Souverainetät dieser Staaten, sowie Badens anerkannt. Am 17. Juli 1806 unterzeichneten in Paris die Gesandten von sechszehn Deutschen Fürsten die Rheinbundsakte v. 12. Juli 1806 und sagten sich förmlich vom Deutschen Reiche los. Am 6. Aug. 1806 legte Kaiser Franz II. die Römisch-Deutsche Kaiserkrone nieder und erklärte das reichsoberhauptliche Amt und Würde für erloschen. In dem Passauer Friedenstraktate v. 11. Dez. 1806 trat Sachsen dem Rheinbunde bei; die übrigen kleineren Norddeutschen Staaten wurden gleichfalls Mitglieder desselben. Durch Dekret Napoleons v. 7. Dez. 1807 wurde auch das neu geschaffene Königreich Westphalen für einen Bestandtheil des Rheinbundes erklärt, welcher

Deutsche Reichsgesetzgebung. v. 1.

Text-Ausgaben mit Anmerkungen.

[1]

Verfassung

des

Deutschen Reichs.

(Gegeben Berlin, den 16. April 1871.)

Text-Ausgabe mit Ergänzungen, Anmerkungen
und Sachregister

von

Dr. L. von Rönne.

Vierte vermehrte Auflage.

Berlin und Leipzig

Verlag von J. Guttentag (D. Collin).

1882.

Vorbemerkung.

Die vierte Auflage der „Verfassung des Deutschen Reichs" enthält, gleich den früheren, in ihrer Einleitung die gedrängte Darstellung der Entstehungsgeschichte des Reichsgrundgesetzes. Hieran schließen sich unter I. das Gesetz vom 16. April 1871, betreffend die Verfassung des Deutschen Reichs (das sogenannte Einführungsgesetz) und unter II. die Verfassung selbst. Zu dem Einführungsgesetze sind, in den Anlagen I. bis VIII., die in demselben in Bezug genommenen Vertragsbestimmungen und das Gesetz vom 22. April 1871, betreffend die Einführung Norddeutscher Bundesgesetze in Bayern, vollständig mitgetheilt. Zum Texte der Verfassung sind die dieselbe ergänzenden, beziehungsweise erläuternden R... bei den betreffenden Artikeln gleichfalls en Wortlaute nach, ie in der Schluß-Abschn. IX. in Bezug genommenen ...s Bündnißvertages mit Bayern vom

Vorbemerkung.

Die vierte Auflage der „Verfassung des Deutschen Reichs" enthält, gleich den früheren, in ihrer Einleitung die gedrängte Darstellung der Entstehungsgeschichte des Reichsgrundgesetzes. Hieran schließen sich unter I. das Gesetz vom 16. April 1871, betreffend die Verfassung des Deutschen Reichs (das sogenannte Einführungsgesetz) und unter II. die Verfassung selbst. Zu dem Einführungsgesetze sind, in den Anlagen I. bis VIII., die in demselben in Bezug genommenen Vertragsbestimmungen und das Gesetz vom 22. April 1871, betreff die Einführung Norddeutscher Bundesgesetze in vollständig mitgetheilt. Zum Texte der V die dieselbe ergänzenden, beziehungswei Reichsgesetze bei den betreffenden Arti ihrem vollständigen Wortlaute nach, bestimmung zum Abschn. IX. in Bestimmungen des Bündnißvertr

1

kommen sei für die volle staatliche Vereinigung aller
Theile Deutschlands.   Dies bestimmte die sämmtlichen
Süddeutschen Regierungen, mit dem Norddeutschen Bunde
zur Begründung eines „Deutschen Bundes" in Verhandlungen zu treten.   Das Resultat waren: a) die Vereinbarung v. 15. Nov. 1870 zwischen dem Norddeutschen
Bunde, Baden und Hessen über Gründung des Deutschen
Bundes und Annahme der Bundesverfassung (BGB.
1870 S. 650), b) der Vertrag v. 25. Nov. 1870 zwischen
dem Norddeutschen Bunde, Baden und Hessen einerseits
und Württemberg andererseits, betr. den Beitritt Württembergs zur Verfassung des Deutschen Bundes (BGB.
1870 S. 654), und c) der Vertrag v. 23. Nov. 1870,
betr. den Beitritt Bayerns zur Verfassung des Deutschen
Bundes (BGB. 1871 S. 9).

Dem zum 24. Nov. 1870 einberufenen Reichstage
des Norddeutschen Bundes wurden nunmehr die gedachten Verträge nebst den dazu gehörigen Protokollen
und Anlagen im Namen des Präsidiums des Norddeutschen Bundes und mit dem Bemerken, daß der
Bundesrath denselben mit der nach Art. 78 der Bundesverfassung erforderlichen Mehrheit seine Zustimmung
ertheilt habe, zu verfassungsmäßiger Genehmigung vorgelegt, welche derselbe ertheilte. (Sten.Ber. des Reichstages des Norddeutschen Bundes v. 5. bis 9. Dez. 1870).

Der Bundesrath des Norddeutschen Bundes brachte
nunmehr, im Einverständnisse mit den Regierungen von
Bayern, Württemberg, Baden und Hessen, bei dem
Reichstage des Norddeutschen Bundes die „Herstellung

der Deutschen Kaiserwürde" in Vorschlag. Mittelst Vor=
lage des Kanzlers des Norddeutschen Bundes v. 9. Dez.
1870 (Sten.Ber. des Reichstages 1870, Aktenst. Nr. 31
S. 114) wurde beantragt, daß der Deutsche Bund den
Namen D e u t s c h e s R e i c h , und der König von Preußen
als Bundespräsident den Namen D e u t s c h e r K a i s e r
führen solle. Der Reichstag des Norddeutschen Bundes
trat dieser Abänderung der Verfassung am 10. Dez.
1870 (mit 188 gegen 6 Stimmen) bei (Sten.Ber.
des Reichstages 1870 Bd. 1 S. 167 ff. u. S. 181 ff.).
Die Proklamirung der Herstellung der Kaiserwürde er=
folgte durch den König von Preußen zu Versailles am
18. Jan. 1871 und ward an demselben Tage dem
Deutschen Volke durch Proklamation v. 17. Jan. 1871
(Königl. Preuß. Staats=Anzeiger v. 18. Jan. 1871
Nr. 19) verkündet.

Nachdem solchergestalt die „V e r f a s s u n g d e s
D e u t s c h e n R e i c h e s" zwischen den gesetzgebenden
Faktoren des bisherigen Norddeutschen Bundes und den
Regierungen der vier Süddeutschen Staaten auf dem im
Art. 79 der Verfassung des bisherigen Norddeutschen
Bundes vorgesehenen Wege vereinbart und festgestellt
worden war, ertheilten auch die Landesvertretungen der
vier Süddeutschen Staaten ihre dazu verfassungsmäßig
erforderliche Genehmigung. (Vgl. v. Rönne's Verf.=
Recht des D. Reiches S. 21—25).

Auf Grund der Verordnung des Deutschen Kaisers
v. 3. Jan. 1871 (BGB. 1871 S. 7) fanden am 3. März
1871 im ganzen Reiche die Wahlen zum ersten Deutschen

Reichstage nach dem Reichswahlgesetze v. 31. Mai 1869 statt und auf Grund der Kaiserl. Verordn. v. 26. Febr. 1871 (a. a. O. S. 47) trat am 21. März 1871 der erste Deutsche Reichstag in Berlin zum erstenmale zusammen und wurde von dem Kaiser in Person feierlich eröffnet. (Vgl. die Thronrede in den Sten.Ber. des D. Reichstages 1871 S. 2—3).

Der Gang der Verhandlungen, welche zur Gründung des Deutschen Reiches geführt haben, hatte zur Folge gehabt, daß das Verfassungsrecht des letzteren in drei verschiedenen Urkunden, nämlich in der zwischen dem Norddeutschen Bunde, Baden und Hessen am 15. Nov. 1870 vereinbarten Verfassung, in dem Vertrage zwischen dem Norddeutschen Bunde und Bayern v. 23. Nov. 1870 und in dem Vertrage zwischen dem Norddeutschen Bunde, Baden und Hessen einerseits und Württemberg andererseits v. 25. Nov. 1870, enthalten war. Diese Zerstreuung der Grundlagen, auf welchen der politische Zustand Deutschlands beruhet, erschien als ein Uebelstand und die Zusammenfassung der in den verschiedenen Urkunden enthaltenen Verfassungsbestimmungen in einem einzigen Dokumente als ein Bedürfniß. Außerdem fehlte dem Texte der Verfassung die Konsequenz der Terminologie, weil in demselben die erst nach der Unterzeichnung der drei Urkunden beschlossene Annahme des Namens des „Deutschen Reiches" und der Wiederherstellung der „Deutschen Kaiserwürde" nicht vollständig durchgeführt worden war. Um diesen formellen Mißständen abzuhelfen, wurde dem ersten Deutschen Reichstage unterm

21. März 1871 von dem Bundeskanzler im Namen des
Kaisers der „Entwurf eines Gesetzes, betr. die Ver=
fassung des Deutschen Reiches" (Sten.Ber. des D.
Reichstages 1871, Aktenst. Nr. 4) zur verfassungs=
mäßigen Beschlußnahme vorgelegt, welchem eine ander=
weitige Redaktion der „Verfassungsurkunde für das
Deutsche Reich" beigefügt wurde. Der Reichstag hat
sowohl den neu redigirten Entwurf der Verfassungs=
urkunde, als auch den Entwurf des Einführungsgesetzes,
— unter Ablehnung sämmtlicher Abänderungsanträge, —
unverändert angenommen. (Vgl. die Sten.Ber. v. 27. März
und v. 1., 3. u. 14. April 1871). Materielle Aenderungen
des Verfassungsrechtes enthält die neue Redaktion nicht,
außer einer Bestimmung, welche in den früheren Do=
kumenten nicht vorkommt, nämlich die Bestimmung im
Art. 8, nach welcher der durch den Vertrag v. 23. Nov.
1870 Nr. II. § 6 geschaffene Ausschuß des Bundes=
rathes für die auswärtigen Angelegenheiten, außer den
Bevollmächtigten von Bayern, Sachsen und Württemberg,
aus zwei vom Bundesrathe alljährlich zu wählenden
Bevollmächtigten anderer Bundesstaaten bestehen soll.
Nicht aufgenommen sind die auf die Einführung Nord=
deutscher Gesetze als Bundesgesetze bezüglichen tran=
sitorischen Bestimmungen, welche der Art. 80 der mit
Baden und Hessen vereinbarten Verfassung, der Vertrag
mit Bayern v. 23. Nov. 1870 unter III. § 8, und der
Art. 2 Nr. 6 des Vertrages v. 25. Nov. 1870 zwischen
dem Norddeutschen Bunde, Baden und Hessen einerseits
und Württemberg andererseits enthält, indem diese Be=

stimmungen nicht zum Verfassungsrechte des Reiches
gehören, sondern ihre richtige Stelle in dem die Verfassung verkündenden Gesetze finden. Auch die in den
Verträgen und Schlußprotokollen enthaltenen Verabredungen, theils vorübergehenden, theils erläuternden,
theils administrativen Charakters, haben keine Aufnahme
in die neu redigirte Verfassung gefunden; ihre fortdauernde Geltung ist jedoch durch den § 3 des Einführungsgesetzes außer Zweifel gestellt.

Der von dem Bundesrathe und dem Reichstage ge-
nehmigte Entwurf des Einführungsgesetzes, nebst der
demselben beigefügten Verfassungsurkunde für das Deutsche
Reich, haben ihre Sanktion durch das Gesetz v. 16. April
1871, betreffend die Verfassung des Deutschen Reiches
(BGB. 1871 S. 63 Nr. 628) erhalten. Die dieses
Gesetz publizirende Nr. 16 des Bundesgesetzblattes ist
zu Berlin am 20. April 1871 ausgegeben worden.

Durch das Reichsgesetz v. 9. Juni 1871 (RGB.
1871 S. 212) sind die von Frankreich an Deutschland
abgetretenen Gebiete Elsaß und Lothringen mit dem
Deutschen Reiche vereinigt und zufolge des Reichsgesetzes
v. 25. Juni 1873 (RGB. 1873 S. 161) ist in diesem
Reichslande die Verfassung des Deutschen Reichs (vom
1. Jan. 1874 an) in Wirksamkeit getreten.

I.

Gesetz,

betreffend

die Verfassung des Deutschen Reichs.

Vom 16. April 1871.

(BGB. 1871 Nr. 16 S. 63.)

Wir Wilhelm, von Gottes Gnaden Deutscher Kaiser, König von Preußen zc. verordnen hiermit im Namen des Deutschen Reichs, nach erfolgter Zustimmung des Bundesrathes und des Reichstages, was folgt:

§ 1. An die Stelle der zwischen dem Norddeutschen Bunde und den Großherzogthümern Baden und Hessen vereinbarten Verfassung des Deutschen Bundes (BGB. vom Jahre 1870 S. 627 ff.), sowie der mit den Königreichen Bayern und Württemberg über den Beitritt zu dieser Verfassung geschlossenen Verträge v. 23. u. 25. Nov. 1870 (BGB. vom Jahre 1871 S. 9 ff. und vom Jahre 1870 S. 654 ff.) tritt die beigefügte

Verfassungs-Urkunde für das Deutsche Reich.

§ 2. Die Bestimmungen in Art. 80 der in § 1

gedachten Verfassung des Deutschen Bundes (BGB. vom
Jahre 1870 S. 647[1]), unter III. § 8 des Vertrages
mit Bayern v. 23. Nov. 1870 (BGB. vom Jahre 1871
S. 21 ff.[2]), in Art. 2 Nr. 6 des Vertrages mit Württem=
berg v. 25. Nov. 1870 (BGB. vom Jahre 1870 S. 656[3]),
über die Einführung der im Norddeutschen Bunde er=
gangenen Gesetze in diesen Staaten bleiben in Kraft.

Die dort bezeichneten Gesetze sind Reichsgesetze. Wo
in denselben von dem Norddeutschen Bunde, dessen Ver=
fassung, Gebiet, Mitgliedern oder Staaten, Indigenat,
verfassungsmäßigen Organen, Angehörigen, Beamten,
Flagge u. s. w. die Rede ist, sind das Deutsche Reich
und dessen entsprechende Beziehungen zu verstehen.

Dasselbe gilt von denjenigen im Norddeutschen
Bunde ergangenen Gesetzen, welche in der Folge in
einem der genannten Staaten eingeführt werden[4].

§ 3. Die Vereinbarungen in dem zu Versailles
am 15. Nov. 1870 aufgenommenen Protokolle (BGB.
vom Jahre 1870 S. 650 ff.[5]), in der Verhandlung zu
Berlin v. 25. Nov. 1870 (BGB. vom Jahre 1870
S. 657[6]), dem Schlußprotokolle v. 23. Nov. 1870 (BGB.
vom Jahre 1871 S. 23 ff.[7]), sowie unter IV. des Ver=

---

[1] Vgl. unten Anlage I.
[2] Vgl. unten Anlage II.
[3] Vgl. unten Anlage III.
[4] Vgl. unten Anlage IV.
[5] Vgl. unten Anlage V.
[6] Vgl. unten Anlage VI.
[7] Vgl. unten Anlage VII.

trages mit Bayern v. 23. Nov. 1870 (a. a. O. S. 21 ff.[1]) werden durch dieses Gesetz nicht berührt.

Urkundlich unter Unserer Höchsteigenhändigen Unter=schrift und beigedrucktem Kaiserl. Insiegel.

Gegeben Berlin, d. 16. April 1871.

(L. S.)　　　　　　　　　　**Wilhelm.**

Fürst v. Bismarck.

---

[1] Vgl. unten Anlage VIII.

II.

Verfassung
des
Deutschen Reichs.

Seine Majestät der König von Preußen im Namen des Norddeutschen Bundes, Seine Majestät der König von Bayern, Seine Majestät der König von Württemberg, Seine Königliche Hoheit der Großherzog von Baden und Seine Königliche Hoheit der Großherzog von Hessen und bei Rhein für die südlich vom Main belegenen Theile des Großherzogthums Hessen, schließen einen ewigen Bund zum Schutze des Bundesgebietes und des innerhalb desselben gültigen Rechtes, sowie zur Pflege der Wohlfahrt des Deutschen Volkes. Dieser Bund wird den Namen Deutsches Reich führen und wird nachstehende

Verfassung
haben.

I. Bundesgebiet.[1])
Artikel 1.
Das Bundesgebiet besteht aus den Staaten Preußen

---

[1]) Vgl. v. Rönne's Staatsrecht des D. Reiches, 2. Aufl., Bd. I. § 7 S. 48 ff.

mit Lauenburg [1]), Bayern, Sachsen, Württemberg, Baden, Hessen, Mecklenburg=Schwerin, Sachsen=Weimar, Mecklenburg=Strelitz, Oldenburg, Braunschweig, Sachsen=Meiningen, Sachsen=Altenburg, Sachsen=Koburg=Gotha, Anhalt, Schwarzburg=Rudolstadt, Schwarzburg=Sondershausen, Waldeck, Reuß älterer Linie, Reuß jüngerer Linie, Schaumburg=Lippe, Lippe, Lübeck, Bremen und Hamburg.

I. RG. v. 9. Juni 1871, betr. die Vereinigung von Elsaß und Lothringen mit dem Deutschen Reiche.
(RGB. 1871 S. 212, GB. Els.=Lothr. 1871 S. 1.)

Wir Wilhelm, von Gottes Gnaden Deutscher Kaiser, König von Preußen ꝛc. verordnen hiermit im Namen des Deutschen Reichs, nach erfolgter Zustimmung des Bundesrathes und des Reichstages, was folgt:

§ 1. Die von Frankreich durch den Art. I. des Präliminar=Friedens v. 26. Febr. 1871 abgetretenen Gebiete Elsaß und Lothringen werden in der durch den Art. I. des Friedens=Vertrages v. 10. Mai 1871 und den dritten Zusatzartikel zu diesem Vertrage festgestellten Begrenzung mit dem Deutschen Reiche für immer vereinigt.

§ 2. Die Verfassung des Deutschen Reichs tritt in Elsaß und Lothringen am 1. Jan. 1873 in Wirksamkeit. Durch Verordnung des Kaisers mit Zustimmung des Bundesrathes können einzelne Theile der Verfassung schon früher eingeführt werden.

Die erforderlichen Aenderungen und Ergänzungen der Verfassung bedürfen der Zustimmung des Reichstages.

Art. 3 der Reichsverfassung tritt sofort in Wirksamkeit.

---

[1]) Das Herzogthum Lauenburg, welches seit dem 13. Sept. 1865 mit der Krone Preußen in Personalunion vereinigt worden war, (vgl. v. Rönne's Staatsrecht der Preuß. Monarchie, 4. Aufl., Bd. I. §. 10. S. 49) ist jetzt in Gemäßheit des Gesetzes v. 23. Juni 1876 (Pr. GS. 1876 S. 169) für immer mit der Preußischen Monarchie vereinigt worden.

v. Rönne, Reichsverfassung. 4. Aufl. **2**

§ 3. Die Staatsgewalt in Elsaß und Lothringen übt der Kaiser aus.

Bis zum Eintritt der Wirksamkeit der Reichsverfassung ist der Kaiser bei Ausübung der Gesetzgebung an die Zustimmung des Bundesrathes und bei der Aufnahme von Anleihen oder Uebernahme von Garantien für Elsaß und Lothringen, durch welche irgend eine Belastung des Reichs herbeigeführt wird, auch an die Zustimmung des Reichstages gebunden.

Dem Reichstage wird für diese Zeit über die erlassenen Gesetze und allgemeinen Anordnungen und über den Fortgang der Verwaltung jährlich Mittheilung gemacht.

Nach Einführung der Reichsverfassung steht bis zu anderweiter Regelung durch Reichsgesetz das Recht der Gesetzgebung auch in den der Reichsgesetzgebung in den Bundesstaaten nicht unterliegenden Angelegenheiten dem Reiche zu.

§ 4. Die Anordnungen und Verfügungen des Kaisers bedürfen zu ihrer Gültigkeit der Gegenzeichnung des Reichskanzlers, der dadurch die Verantwortlichkeit übernimmt [1]).

Urkundlich unter Unserer Höchsteigenhändigen Unterschrift und beigedrucktem Kaiserl. Insiegel.

Gegeben Berlin, den 9. Juni 1871.

(L. S.)   Wilhelm.

                                    Fürst v. Bismarck.

II. RG. v. 20. Juni 1872, betr. den Termin für die Wirksamkeit der Verfassung des Deutschen Reichs in Elsaß-Lothringen.
(RGB. 1872 S. 208, GB. Elf.-Lothr. 1872 S. 441.)

Wir Wilhelm, von Gottes Gnaden Deutscher Kaiser, König von Preußen 2c., verordnen im Namen des Deutschen Reichs, nach

---

[1]) Ueber die Verkündung der für Elsaß-Lothringen erlassenen Gesetze und Kaiserl. Verordnungen durch das (seit dem Juli 1870 erscheinende) „Gesetzblatt für Elsaß-Lothringen" vgl. das G. v. 8. Juli 1871 (GB. Elf.-Lothr. 1871 S. 2) und § 22 des Gesetzes v. 4. Juli 1879, betr. die Verfassung und die Verwaltung Elsaß-Lothringens (RGB. 1879 S. 169) [f. unten Zuf. V.].

erfolgter Zustimmung des Bundesrathes und des Reichstages, was folgt:

Der im § 2 des Gesetzes v. 9. Juni 1871, betr. die Vereinigung von Elsaß-Lothringen mit dem Deutschen Reiche (RGB. 1871 S. 212) auf den 1. Jan. 1873 bestimmte Termin, an welchem die Verfassung des Deutschen Reichs in Elsaß-Lothringen in Wirksamkeit treten soll, wird auf den 1. Jan. 1874 verlegt.

Urkundlich unter Unserer Höchsteigenhändigen Unterschrift und beigedrucktem Kaiserl. Insiegel.

Gegeben Schloß Babelsberg, den 20. Juni 1872.

(L. S.)   Wilhelm.

Fürst v. Bismarck.

III. RG. v. 25. Juni 1873, betr. die Einführung der Verfassung des Deutschen Reichs in Elsaß-Lothringen.
(RGB. 1873 S. 161, GB. Els.-Lothr. 1873 S. 131.)

Wir Wilhelm, von Gottes Gnaden Deutscher Kaiser, König von Preußen zc. verordnen hiermit im Namen des Deutschen Reichs, nach erfolgter Zustimmung des Bundesrathes und des Reichstages, was folgt:

§ 1. Die durch das Gesetz v. 16. April 1871 verkündete Verfassung des Deutschen Reichs tritt in der durch die Gesetze v. 24. Febr. 1873[1]) und 3. März 1873[2]) (RGB. 1873 S. 45, S. 47) abgeänderten, aus der Anlage I. sich ergebenden Fassung in Elsaß-Lothringen vom 1. Jan. 1874 ab, unbeschadet der Geltung der bereits eingeführten Bestimmungen, mit den in den nachfolgenden §§ 2—5 enthaltenen Maßgaben in Wirksamkeit.

§ 2. Dem in Art. 1 der Verfassung bezeichneten Bundesgebiete tritt das Gebiet des Reichslandes Elsaß-Lothringen hinzu.

§ 3. Bis zu der in Art. 20 der Verfassung vorbehaltenen gesetzlichen Regelung werden in Elsaß-Lothringen 15 Abgeordnete zum Deutschen Reichstage gewählt.

§ 4. Die in Art. 35 der Verfassung erwähnte Besteuerung des

---

[1]) Vgl. zum Art. 28 der Reichsverfassung.

[2]) Vgl. zum Art. 4 Nr. 9 der Reichsverfassung.

inländischen Bieres bleibt der inneren Gesetzgebung bis auf Weiteres
vorbehalten.

An dem in die Reichskasse fließenden Ertrage der Steuer vom
Bier und an dem diesem Ertrage entsprechenden Theile des in Art.
38 Abf. 3 erwähnten Aversums hat Elsaß-Lothringen keinen Theil.

§ 5. Die Beschränkungen, welche die Erhebung von Abgaben
für Rechnung von Kommunen nach Art. 5 des Zollvereinigungsver-
trages v. 8. Juli 1867 (Art. 40 der Verfassung) unterliegt, finden
auf die in Elsaß-Lothringen bestehenden Bestimmungen über das
Oktroi bis auf Weiteres keine Anwendung.

§ 6. Das Wahlgesetz für den Deutschen Reichstag v. 31. Mai
1869 tritt in der anliegenden, dem Gesetze v. 16. April 1871 [1]) entsprechenden Fassung (Anl. II.) in Elsaß-Lothringen am 1. Jan. 1874
in Kraft.

Die in § 6 des Wahlgesetzes vorgesehene Abgrenzung der Wahlkreise erfolgt bis zu der vorbehaltenen reichsgesetzlichen Bestimmung
durch Beschluß des Bundesrathes.

§ 7. Wo in den in Elsaß-Lothringen bereits eingeführten
Gesetzen des Norddeutschen Bundes, welche durch § 2 des Gesetzes
v. 16. April 1871 zu Reichsgesetzen erklärt sind, von dem Norddeutschen Bunde, dessen Verfassung, Gebiet, Mitgliedern oder
Staaten, Indigenat, verfassungsmäßigen Organen, Angehörigen,
Beamten, Flagge u. s. w. die Rede ist, sind das Deutsche Reich und
dessen entsprechende Beziehungen zu verstehen.

Dasselbe gilt von denjenigen im Norddeutschen Bunde ergangenen
Gesetzen, welche in der Folge in Elsaß-Lothringen eingeführt werden.

§ 8. Auch nach Einführung der Verfassung und bis zu anderweiter gesetzlicher Regelung kann der Kaiser unter Zustimmung des
Bundesrathes, während der Reichstag nicht versammelt ist, Verordnungen mit gesetzlicher Kraft erlassen. Dieselben dürfen nichts
bestimmen, was der Verfassung oder den in Elsaß-Lothringen geltenden Reichsgesetzen zuwider ist, und sich nicht auf solche Angelegenheiten beziehen, in welchen nach § 8 Abf. 2 des die Vereini-

---

[1]) Nämlich dem Gesetz v. 16. April 1871, betr. die Verf. des
D. Reichs (s. oben S. 13 ff.).

gung von Elfaß=Lothringen mit dem Deutschen Reiche betreffenden
Gefetzes v. 9. Juni 1871 die Zuftimmung des Reichstages erforder=
lich ift.

Auf Grund diefer Ermächtigung erlaffene Verordnungen find
dem Reichstage bei deffen nächftem Zufammentritt zur Genehmigung
vorzulegen. Sie treten außer Kraft, fobald die Genehmigung ver=
fagt wird.

Urkundlich unter Unferer Höchfteigenhändigen Unterfchrift und
beigedrucktem Kaiferl. Infiegel.

Gegeben Schloß Babelsberg, den 25. Juni 1873.

(L. S.)   Wilhelm.
                              Fürft v. Bismarck.

Anlage I.

Wortlaut der Reichsverfaffung (RGB. v. 1871 Nr. 16 S. 64 ff.)
mit der Maßgabe, daß

Art. 4 Nr. 9 lautet:

9) Der Flößerei= und Schifffahrtsbetrieb auf den mehreren
Staaten gemeinfamen Wafferftraßen und der Zuftand der
letzteren, fowie die Fluß= und fonftigen Wafferzölle, des=
gleichen die Seefchifffahrtszeichen (Leuchtfeuer, Tonnen,
Baken und fonftige Tagesmarken);

Art. 28 lautet:

Der Reichstag befchließt nach abfoluter Stimmenmehrheit.
Zur Gültigkeit der Befchlußfaffung ift die Anwefenheit der
Mehrheit der gefetzlichen Anzahl der Mitglieder erforderlich.

Anlage II.

Wortlaut des Wahlgef. v. 31. Mai 1869 (RGB. v. 1869 Nr. 17 S. 145 ff.[1])
mit der Maßgabe, daß

die Ueberfchrift lautet:

Wahlgefetz für den Deutschen Reichstag. Vom 31. Mai 1869.

Der § 1 lautet:

Wähler für den Deutschen Reichstag ift jeder Deutsche, welcher

---

[1] Vgl. zum Art. 20 der Reichsverfaffung.

das fünfundzwanzigſte Lebensjahr zurückgelegt hat, in dem
Bundesſtaate, wo er ſeinen Wohnſitz hat.

Der Eingang zum § 4 lautet:

Wähler zum Abgeordneten iſt im ganzen Bundesgebiete jeder
Deutſche, welcher u. ſ. w.

IV. RG. v. 2. Mai 1877, betr. die Landesgeſetzgebung in Elſaß=
Lothringen. (RGB. 1877 S. 491.)

Wir Wilhelm, von Gottes Gnaden Deutſcher Kaiſer, König
von Preußen ꝛc. verordnen im Namen des Deutſchen Reichs,
nach erfolgter Zuſtimmung des Bundesraths und des Reichstags,
wie folgt:

§ 1. Landesgeſetze für Elſaß=Lothringen, einſchließlich des jähr=
lichen Landeshaushalts=Etats, werden mit Zuſtimmung des Bundes=
raths vom Kaiſer erlaſſen, wenn der durch den Kaiſerlichen Erlaß
v. 29. Okt. 1874 — Anlage A —[1]) eingeſetzte Landesausſchuß den=
ſelben zugeſtimmt hat.

§ 2. Die Erlaſſung von Landesgeſetzen (§ 1) im Wege der
Reichsgeſetzgebung bleibt vorbehalten.

Die auf Grund dieſes Vorbehaltes erlaſſenen Landesgeſetze
können nur im Wege der Reichsgeſetzgebung aufgehoben oder ge=
ändert werden.

§ 3. Die Rechnungen über den Landeshaushalt werden dem
Bundesrath und dem Landesausſchuß zur Entlaſtung vorgelegt.
Verſagt der Landesausſchuß die Entlaſtung, ſo kann dieſelbe durch
den Reichstag erfolgen.

§ 4. Bis zur anderweitigen Regelung durch Reichsgeſetz bleiben

---

[1]) Vgl. den Erl. v. 29. Okt. 1874 im RGB. 1877 S. 492 u. im
GB. Elſ.=Lothr. 1874 S. 37. — Vgl. dazu: a. V. v. 23. März 1875
zur Ausführung des Allerh. Erl. v. 29. Okt. 1874 (GB. Elſ.=Lothr.
1875 S. 63); b. Allerh. Erl. v. 13. Febr. 1877, betr. die Wahl eines
zweiten Stellvertreters des Vorſitzenden des Landesausſchuſſes für
Elſaß=Lothringen (GB. Elſ.=Lothr. 1877 S. 9); c. §§ 12—21 des
Geſetzes v. 4. Juli 1879, betr. die Verfaſſung und die Verwaltung
Elſaß=Lothringens (RGB. 1879 S. 167) [vgl. unten Zuſ. V.].

im übrigen die Bestimmungen der Kaiserl. Erlaffe d. 29. Okt. 1874 und 13. Febr. 1877 in Geltung.

Urkundlich unter Unserer Höchsteigenhändigen Unterschrift und beigedrucktem Kaiserl. Insiegel.

Gegeben Straßburg i. E., den 2. Mai 1877.

(L. S.) Wilhelm.

Fürst v. Bismarck.

V. RG. v. 4. Juli 1879, betr. die Verfassung und die Verwaltung Elsaß-Lothringens. (RGB. 1879 S. 165 ff.)

Wir Wilhelm, von Gottes Gnaden Deutscher Kaiser, König von Preußen ꝛc. verordnen im Namen des Reichs, nach erfolgter Zustimmung des Bundesraths und des Reichstags, was folgt:

§ 1. Der Kaiser kann landesherrliche Befugnisse, welche ihm kraft Ausübung der Staatsgewalt in Elsaß-Lothringen zustehen, einem Statthalter übertragen. Der Statthalter wird vom Kaiser ernannt und abberufen. Er residirt in Straßburg.

Der Umfang der dem Statthalter zu übertragenden landesherrlichen Befugnisse wird durch Kaiserliche Verordnung[1]) bestimmt.

§ 2. Auf den Statthalter gehen zugleich die durch Gesetze und Verordnungen dem Reichskanzler in elsaß-lothringischen Landesangelegenheiten überwiesenen Befugnisse und Obliegenheiten, sowie die durch § 10 des Gesetzes, betreffend die Einrichtung der Verwaltung, v. 30. Dez. 1871 (GB. f. Elf.-Lothr. von 1872 S. 49) dem Oberpräsidenten übertragenen außerordentlichen Gewalten über.

§ 3. Das Reichskanzler-Amt für Elsaß-Lothringen und das Oberpräsidium in Elsaß-Lothringen werden aufgelöst. Zur Wahrnehmung der von dem ersteren und dem Reichs-Justizamte in der Verwaltung des Reichslandes, sowie der von dem Oberpräsidenten bisher geübten Obliegenheiten wird ein Ministerium

---

[1]) Vgl. die Kaiserl. V. v. 23. Juli 1879, betr. die Uebertragung Kaiserl. Befugnisse auf den Statthalter in Elsaß-Lothringen (RGB. 1879 S. 282).

für Elsaß-Lothringen errichtet, welches in Straßburg seinen Sitz hat und an dessen Spitze ein Staatssekretär steht.

§ 4. Die Anordnungen und Verfügungen, welche der Statthalter kraft des ihm nach § 1 ertheilten Auftrags trifft, bedürfen zu ihrer Gültigkeit der Gegenzeichnung des Staatssekretärs, welcher dadurch die Verantwortlichkeit übernimmt.

In den im § 2 bezeichneten Angelegenheiten hat der Staatssekretär die Rechte und die Verantwortlichkeit eines Stellvertreters des Statthalters in dem Umfange, wie ein dem Reichskanzler nach Maßgabe des Gesetzes vom 17. März 1878 (RGB. S. 7) substituirter Stellvertreter sie hat. Dem Statthalter ist vorbehalten, jede in diesen Bereich fallende Amtshandlung selbst vorzunehmen.

§ 5. Das Ministerium für Elsaß-Lothringen zerfällt in Abtheilungen. An der Spitze der Abtheilungen stehen Unterstaatssekretäre. Dem Staatssekretär kann die Leitung einer Abtheilung übertragen werden. Das Nähere über die Organisation des Ministeriums wird durch Kaiserliche Verordnung[1] bestimmt.

§ 6. Der Staatssekretär, die Unterstaatssekretäre und die Räthe des Ministeriums werden vom Kaiser unter Gegenzeichnung des Statthalters, die übrigen höheren Beamten des Ministeriums werden vom Statthalter, die Subaltern- und Unterbeamten vom Staatssekretär ernannt.

Auf den Staatssekretär und die Unterstaatssekretäre finden die Bestimmungen der §§ 25, 35 des Gesetzes, betreffend die Rechtsverhältnisse der Reichsbeamten, v. 31. März 1873 (GB. f. Els.-Lothr. S. 479) Anwendung.

Sämmtliche Beamte des Ministeriums sind Landesbeamte im Sinne des die Rechtsverhältnisse der Beamten und Lehrer betreffenden Gesetzes v. 23. Dez. 1873 (GB. f. Els.-Lothr. S. 479).

§ 7. Zur Vertretung der Vorlagen aus dem Bereiche der

---

[1] Vgl. die Kaiserl. V. v. 23. Juli 1879, betr. die Einrichtung des Ministeriums für Elsaß-Lothringen (GB. f. Els.-Lothr. 1879 S. 81) und Kaiserl. V. v. 29. Juli 1881, betr. Abänderung der V. v. 23. Juli 1879 über die Einrichtung des Ministeriums für Elsaß-Lothringen (GB. f. Els.-Lothr. 1881 S. 95).

Landesgesetzgebung, sowie der Interessen Elsaß = Lothringens bei Gegenständen der Reichsgesetzgebung können durch den Statthalter Kommissare in den Bundesrath abgeordnet werden, welche an dessen Berathungen über diese Angelegenheiten Theil nehmen.

§ 8. Die in den §§ 5, 39, 52 und 68 des vorerwähnten Gesetzes v. 31. März 1873 bezeichneten Befugnisse des Bundesraths gehen bezüglich der Landesbeamten auf das Ministerium über. Auch bedarf es der Zustimmung des Bundesraths, welche in § 18 desselben Gesetzes, sowie in § 2 des die Kautionen der Beamten des Staates, der Gemeinden und der öffentlichen Anstalten betreffenden Gesetzes v. 15. Okt. 1873 (GB. f. Elf. = Lothr. S. 273) vorgesehen ist, fortan nicht mehr.

§ 9. Es wird ein Staatsrath eingesetzt, welcher berufen ist zur Begutachtung:

1. der Entwürfe zu Gesetzen,
2. der zur Ausführung von Gesetzen zu erlassenden allgemeinen Berordnungen,
3. anderer Angelegenheiten, welche ihm vom Statthalter überwiesen werden.

Durch die Landesgesetzgebung können dem Staatsrath auch andere, insbesondere beschließende Funktionen übertragen werden.

§ 10. Der Staatsrath besteht unter dem Vorsitze des Statthalters aus folgenden Mitgliedern:

1. dem Staatssekretär,
2. den Unterstaatssekretären,
3. dem Präsidenten des Oberlandesgerichts und dem ersten Beamten der Staatsanwaltschaft bei diesem Gerichte,
4. acht bis zwölf Mitgliedern, welche der Kaiser ernennt.

Von den unter 4 bezeichneten Mitgliedern werden drei auf den Vorschlag des Landesausschusses ernannt, die übrigen beruft der Kaiser aus Allerhöchstem Vertrauen. Die Ernennung erfolgt jedesmal auf drei Jahre.

Im Vorsitze des Staatsraths wird der Statthalter im Behinderungsfalle durch den Staatssekretär vertreten.

Die Geschäftsordnung des Staatsraths wird vom Kaiser festgestellt.

§ 11. Die Mitglieder des Kaiserlichen Raths in Elsaß-Lothringen (§ 8 des Gesetzes vom 30. Dez. 1871) werden bis auf weiteres in der Zahl von zehn durch Kaiserliche Verordnung ernannt.

§ 12. Die Zahl der Mitglieder des Landesausschusses wird auf achtundfünfzig erhöht.

Von den Mitgliedern werden vierunddreißig nach Maßgabe der in dem Kaiserlichen Erlaß v. 29. Okt. 1874 getroffenen Bestimmungen durch die Bezirkstage, und zwar zehn durch den Bezirkstag des Ober-Elsaß, elf durch den Bezirkstag von Lothringen, dreizehn durch den Bezirkstag des Unter-Elsaß gewählt. Die Wahl von Stellvertretern findet ferner nicht statt.

§ 13. Von den übrigen vierundzwanzig Mitgliedern werden je eines in den Gemeinden Straßburg, Mülhausen, Metz und Colmar, zwanzig von den zwanzig Landkreisen, in den Kreisen Mülhausen und Colmar unter Ausscheidung der gleichnamigen Stadtgemeinde, gewählt.

§ 14. Die Abgeordneten von Straßburg, Mülhausen, Metz und Colmar werden von den Gemeinderathen aus deren Mitte gewählt.

Die Wahl in den Kreisen wird derart vorgenommen, daß die Gemeinderäthe aus ihren Mitgliedern, in Gemeinden mit weniger als 1 000 Einwohnern einen Wahlmann, in Gemeinden mit über 1 000 Einwohnern für je volle 1 000 Einwohner mehr einen Wahlmann mehr wählen.

Die Wahlmänner jedes Kreises wählen den Abgnordneten desselben.

Die Wahlen der Abgeordneten werden innerhalb vier Wochen nach der Wahl der Wahlmänner vorgenommen. Wählbar zum Abgeordneten ist, wer das aktive Gemeindewahlrecht besitzt und im Bezirke seinen Wohnsitz hat.

§ 15. Die Wahlen der Wahlmänner und der Abgeordneten geschehen in geheimer Abstimmung auf drei Jahre.

Das Recht des Wahlmannes sowie der von den Gemeinderäthen unmittelbar gewählten Abgeordneten erlischt mit der Mitgliedschaft im Gemeinderath.

§ 16. In Gemeinden, deren Gemeinderath suspendirt oder auf-gelöst ist, ruht das Wahlrecht.

§ 17. Die näheren Bestimmungen über die Ausführung der Wahlen werden durch Kaiserliche Verordnung¹) getroffen.

§ 18²). Die nach §§ 13 bis 17 gewählten Abgeordneten haben, insofern sie noch nicht vereidet sind, bei ihrem Eintritt in den Landes-ausschuß den gleichen Eid zu leisten, wie die Mitglieder der Bezirks-tage. Die Ausübung des Mandats wird durch die Leistung des Eides bedingt.

§ 19. Der Kaiser kann den Landesausschuß vertagen oder auflösen.

Die Auflösung des Landesausschusses zieht die Auflösung der Bezirkstage nach sich.

Die Neuwahlen zu den Bezirkstagen haben in einem solchen Falle innerhalb dreier Monate, die Neuwahlen zu dem Landesaus-schuß innerhalb sechs Monaten nach dem Tage der Auflösungsver-ordnung stattzufinden.

§ 20. Die Mitglieder des Ministeriums und die zu deren Ver-tretung abgeordneten Beamten haben das Recht, bei den Verhand-lungen des Landesausschusses sowie in dessen Abtheilungen und Kommissionen gegenwärtig zu sein. Sie müssen auf ihr Verlangen jederzeit gehört werden.

§ 21. Der Landesausschuß erhält das Recht, innerhalb des Be-reiches der Landesgesetzgebung Gesetze vorzuschlagen und an ihn ge-richtete Petitionen dem Ministerium zu überweisen.

Im übrigen bleiben die in dem Gesetze, betreffend die Landesgesetz-gebung in Elsaß-Lothringen, v. 2. Mai 1877 (RGB. S. 491), sowie die im § 8 des Gesetzes, betreffend die Einführung der Reichsverfassung in Elsaß-Lothringen, v. 25. Juni 1873 (ebendaselbst S. 161) getroffenen Bestimmungen in Geltung.

---

¹) Vgl. die Kaiserl. V. v. 1. Okt. 1879, betr. die Wahlen zum Landesausschuß (GB. Elf.-Lothr. 1879 S. 89).

²) Vgl. RG. v. 23. Mai 1881, betr. die Oeffentlichkeit der Ver-handlungen und die Geschäftssprache des Landesausschusses für Elsaß-Lothringen (RGB. 1881 S. 98).

§ 22. Das Gesetzblatt für Elsaß-Lothringen — Gesetz v. 3. Juli 1871 (GB. f. Els.-Lothr. S. 2) — wird vom Ministerium in Straßburg herausgegeben. Die im § 2 des erwähnten Gesetzes bezeichnete vierzehntägige Frist beginnt mit dem Ablaufe des Tages, an welchem das betreffende Stück des Gesetzblattes in Straßburg ausgegeben worden ist.

§ 23. Der Zeitpunkt an welchem dieses Gesetz in Kraft tritt, wird durch Kaiserliche Verordnung [1] bestimmt.

Urkundlich unter Unserer Höchsteigenhändigen Unterschrift und beigedrucktem Kaiserlichen Insiegel.

Gegeben Bad Ems, den 4. Juli 1879.

(L. S.)   Wilhelm.

Fürst v. Bismarck.

II. Reichsgesetzgebung. [2]

Artikel 2.

Innerhalb dieses Bundesgebietes übt das Reich das Recht der Gesetzgebung nach Maßgabe des Inhalts dieser Verfassung und mit der Wirkung aus, daß die Reichsgesetze den Landesgesetzen vorgehen. Die Reichsgesetze erhalten ihre verbindliche Kraft durch ihre Verkündigung von Reichswegen, welche vermittelst eines Reichsgesetzblattes geschieht. Sofern nicht in dem publizirten Gesetze ein anderer Anfangstermin seiner verbindlichen Kraft be-

---

[1] Durch die Kaiserl. V. v. 23. Juli 1879 (RGB. 1879 S. 281) ist bestimmt worden, daß das Gesetz v. 4. Juli 1879 am 1. Okt. 1879 in Kraft tritt.

[2] Vgl. v. Rönne's Staatsrecht des D. Reiches, 2. Aufl., Bd. II. Abth. 1 §§ 63 ff. S. 2 ff.

stimmt ist, beginnt die letztere mit dem vierzehnten Tage
nach dem Ablauf desjenigen Tages, an welchem das
betreffende Stück des Reichsgesetzblattes in Berlin ausgegeben worden ist.

1. Auch bezüglich der der Reichslegislative zugewiesenen Gegen-
stände bleiben die in den einzelnen Staaten geltenden Gesetze und
Verordnungen so lange in Kraft und können auf dem bisherigen
Wege der Einzelngesetzgebung abgeändert werden, bis eine bindende
Norm vom Reiche ergangen ist. (Schlußprotokoll mit Bayern v.
23. Nov. 1870 unter VI.[1]) (RGB. 1871 S. 24).

2. Vgl. Art. 17 der Reichsverfassung.

3. V. v. 26. Juli 1867, betr. die Einführung des Bundesgesetzblattes für den Norddeutschen Bund (BGB. 1867 S. 24). Das
Bundesgesetzblatt des Norddeutschen Bundes führt von Nr. 4 bis
einschl. 18 des Jahrg. 1871 an den Titel: „Bundesgesetzblatt des
Deutschen Bundes" und von Nr. 19 des Jahrg. 1871 an den Titel:
„Reichs-Gesetzblatt". Die Herausgabe erfolgt (zuf. § 3 der V. v.
26. Juli 1867) im Bureau des Reichskanzleramtes.

In Ausführung eines Beschlusses des Bundesrathes wird seit
dem Jahre 1873 durch das Reichskanzleramt (jetzt Reichsamt des Innern) eine Zeitschrift unter dem Titel: „Centralblatt für das
Deutsche Reich" herausgegeben, welche zur Aufnahme solcher für das
Publikum bestimmter Veröffentlichungen der Organe des Reiches
dient, die der Verkündung durch das Reichs-Gesetzblatt nicht bedürfen.

4a. Neue Gesetze erlangen, soweit nicht reichsgesetzlich etwas
Anderes bestimmt wird, in den Konsulargerichtsbezirken nach Ablauf
von vier Monaten von dem Tage gerechnet, an welchem das betreffende Stück des Reichsgesetzblattes oder der Preußischen Gesetzsammlung in Berlin ausgegeben worden ist, verbindliche Kraft.
(RG. v. 10. Juli 1879 über die Konsulargerichtsbarkeit. RGB.
1879 S. 205).

---

[1] Vgl. unten Anlage VII.

Vgl. die frühere Bestimmung hierüber in dem RG. v. 8. Nov. 1867, betr. die Organisation der Bundeskonsulate rc. § 24 Abf. 2, (BGB. 1867 S. 142).

b. Der Zeitpunkt, von welchem ab die Gesetze des Norddeutschen Bundes als Reichsgesetze in Bayern, Württemberg, Baden und Hessen südlich des Mains in Kraft getreten sind, ergiebt sich aus den in § 2 des Einführungsgesetzes v. 16. April 1871 in Bezug genommenen Vertragsbestimmungen, beziehungsweise dem darin bezogenen G. v. 22. April 1871, betr. die Einführung Norddeutscher Bundesgesetze in Bayern. Vgl. auch die Anmerk. hierüber zu den bei den einzelnen Artikeln der Reichsverfassung angeführten Gesetzen. Bei allen vor der Emanation der Reichsverfassung angeführten Bundesgesetzen ist der 1. Januar 1872 der späteste Termin ihrer Geltung.

Artikel 3.

Für ganz Deutschland besteht ein gemeinsames Indigenat mit der Wirkung, daß der Angehörige (Unterthan, Staatsbürger) eines jeden Bundesstaates in jedem anderen Bundesstaate als Inländer zu behandeln und demgemäß zum festen Wohnsitz, zum Gewerbebetriebe, zu öffentlichen Aemtern, zur Erwerbung von Grundstücken, zur Erlangung des Staatsbürgerrechtes und zum Genusse aller sonstigen bürgerlichen Rechte unter denselben Voraussetzungen wie der Einheimische zuzulassen, auch in Betreff der Rechtsverfolgung und des Rechtsschutzes demselben gleich zu behandeln ist.

Kein Deutscher darf in der Ausübung dieser Befugniß durch die Obrigkeit seiner Heimath, oder durch die Obrigkeit eines anderen Bundesstaates beschränkt werden.

Diejenigen Bestimmungen, welche die Armenver=

sorgung und die Aufnahme in den lokalen Gemeinde-
verband betreffen, werden durch den im erſten Abſatz
ausgeſprochenen Grundſatz nicht berührt.

Ebenſo bleiben bis auf Weiteres die Verträge in
Kraft, welche zwiſchen den einzelnen Bundesſtaaten in
Beziehung auf die Uebernahme von Auszuweiſenden, die
Verpflegung erkrankter und die Beerdigung verſtorbener
Staatsangehöriger beſtehen[1].

Hinſichtlich der Erfüllung der Militairpflicht im
Verhältniß zu dem Heimathslande wird im Wege der
Reichsgeſetzgebung das Nöthige geordnet werden[2].

Dem Auslande gegenüber haben alle Deutſchen
gleichmäßig Anſpruch auf den Schutz des Reichs[3].

1. Der Art. 3 iſt für Elſaß-Lothringen bereits zuf. des § 2 des
RG. v. 9. Juni 1871 (RGB. 1871 S. 212, GB. f. Elſ.-Lothr. 1871 S. 1)
in Wirkſamkeit getreten.

Vgl. Zuſ. I. zum Art. 1 der Reichsverfaſſung.

2. Ueber die eingeſchränkte Geltung des Art. 3 in Bayern vgl.
Art. 4 Nr. 1 der Reichsverfaſſung, und Schlußprotokoll zu dem Vertrage v. 23. Nov. 1870, betr. den Beitritt Bayerns zur Verfaſſung
des Deutſchen Reiches unter I.[4] (BGB. 1871 S. 23).

---

[1] Vgl. Schlußprot. zu dem Vertr. v. 23. Nov. 1870, betr. den
Beitritt Bayerns zur Verf. des D. R. unter III. (BGB. 1871 S. 23),
ſ. unten Anl. VII.

[2] Vgl. § 17 des Geſ. v. 9. Nov. 1867, betr. die Verpflichtung
zum Kriegsdienſte (BGB. 1867 S. 131); Vertr. zwiſchen dem
Norbb. Bunde und dem Großherzogthum Baden, betr. die Einführung der gegenſeitigen militairiſchen Freizügigkeit, v. 25. Mai 1869
(BGB. 1869 S. 675), und Art. 57 der Reichsverf. nebſt Anm.
dazu.

[3] Vgl. Art. 4 Nr. 7 der Reichsverf. nebſt Anm. dazu.

[4] Vgl. unten Anl. VII.

3. Ueber das Recht des Reichs zur Beaufsichtigung und zur Gesetzgebung hinsichtlich der Gegenstände des Art. 3 vgl. Art. 4 Nr. 1
der Reichsverfassung.

4. Zur Ausführung des Grundsatzes des Art. 3 und auf
Grund des Art. 4 Nr. 1 ergangene Bundes-, beziehungsweise Reichsgesetze:

a) BG. über die Freizügigkeit v. 1. Nov. 1867 (BGB. 1867 S. 55.[1])
Auch gültig für Baden und Südhessen, zuf. Art. 80 I. 3 der
mit Baden und Hessen vereinbarten Verf. (BGB. 1870 S. 647),
für Württemberg zuf. Art. 2 Nr. 6 des Vertr. vom 25. Nov
1870 (BGB. 1870 S. 656), für Bayern zuf. RG. v. 22. April
1871 § 2 I. 3 (BGB. 1871 S. 87) und für Elsaß-Lothringen
zuf. RG. v. 8. Jan. 1873 (RGB. 1873 S. 51, GB. f. Elf.-Lothr
1873 S. 1).

Die Freizügigkeit ist eingeschränkt:

α) Durch RG. v. 4. Juli 1872, betr. den Orden der Gesell-
schaft Jesu (RGB. 1872 S. 253). Auch gültig für Elsaß-
Lothringen zuf. G. v. 8. Juli 1872 (GB. f. Elf.-Lothr. 1872
S. 506).

Dazu: Bekanntmachungen des Reichskanzlers v. 5. Juli
1872 und 20. Mai 1873, betr. die Ausführung des Gesetzes
über den Orden Jesu. (RGB. 1872 S. 264 und 1873 S. 109,
GB. f. Elf.-Lothr. 1872 S. 507 und 1873 S. 89.)

β) Durch RG. v. 4. Mai 1874, betr. die Verhinderung der
unbefugten Ausübung von Kirchenämtern. (RGB. 1874
S. 43.)

γ) Durch RG. v. 21. Okt. 1878 gegen die gemeingefährlichen
Bestrebungen der Sozialdemokratie (RGB. 1878 S. 351),
dessen Geltung durch RG. v. 31. Mai 1880 (RGB. 1880
S. 117) bis zum 30. Sept. 1884 verlängert ist.

b) BG. über die Aufhebung der polizeilichen Beschränkung der
Eheschließung vom 4. Mai 1868 (BGB. 1868 S. 149). Auch gültig

---

[1] Vgl. v. Rönne's Staatsrecht des D. R., 2. Aufl., Bd. I. § 14
S. 110 ff.

für Baden und Südhessen, zuf. Art. 80 I. 7 der mit Baden und
Hessen vereinbarten Verf. (BGB. 1870 S. 647), und für Württem=
berg, zuf. Art. 2 Nr. 6 des Vertr. v. 25. Nov. 1870 (BGB. 1870
S. 656). Nicht gültig in Bayern, zuf. Schlußprot. v. 23. Nov.
1870 unter 1. (BGB. 1871 S. 23).

c) BG., betr. die Gleichberechtigung der Konfessionen in bürgerlicher
und staatsbürgerlicher Beziehung, v. 3. Juli 1869 (BGB. 1869
S. 292). Auch gültig für Baden und Südhessen, zuf. Art. 80 I. 20
der mit diesen Staaten vereinbarten Verf. (BGB. 1870 S. 647),
für Württemberg, zuf. Art. 2 Nr. 6 des Vertr. v. 25. Nov. 1870
(BGB. 1870 S. 656) und für Bayern, zuf. RG. v. 22. April 1871
§ 2 I. 10 (BGB. 1871 S. 87).

d) BG. wegen Beseitigung der Doppelbesteuerung v. 13. Mai 1870
(BGB. 1870 S. 119[1]). Auch gültig für Baden und Südhessen,
zuf. Art. 80 I. 22 der mit diesen Staaten vereinbarten Verf.
(BGB. 1870 S. 647), für Württemberg, zuf. Art. 2 Nr. 6 des
Vertr. v. 25. Nov. 1870 (BGB. 1870 S. 656), für Bayern, zuf.
RG. v. 22. April 1871 § 2 II. (BGB. 1871 S. 88) und für
Elsaß=Lothringen zuf. G. v. 14. Jan. 1872 (GB. f. Elf.=Lothr.
1872 S. 61).

e) BG. über die Erwerbung und den Verlust der Bundes= und
Staatsangehörigkeit v. 1. Juni 1870 (BGB. 1870 S. 355[2]).
Auch gültig für Baden und Südhessen, zuf. Art. 80 I. 24 der
mit Baden und Hessen vereinbarten Verf. (BGB. 1870 S. 647),
und für Württemberg, zuf. Art. 2 Nr. 6 des Vertr. v. 25. Nov.
1870 (BGB. 1870 S. 656), auch für Bayern, jedoch mit Aus=
nahme der Bestimmungen in § 1 Abf. 2, § 8 Abf. 3 und § 16,

---

[1]) Zwischen Preußen und Sachsen war dieser Gegenstand schon
durch die Uebereinkunft v. 16. April 1869 (Pr. GS. 1870 S. 142)
geregelt worden.

[2]) Vgl. v. Rönne's Staatsrecht des D. R., 2. Aufl., Bd. I. § 11
S. 95 ff. — Ueber die Wirksamkeit der §§ 17 und 20 dieses
Gesetzes v. 22. Juli 1870 ab vgl. BG. v. 21. Juli 1870 (BGB. 1870
S. 498).

v. Rönne, Reichsverfassung. 4. Aufl.   **3**

welche für das ganze Reichsgebiet weggefallen ſind, zuf. RG. v. 22 April 1871 § 9 (BGB. 1871 S. 89), und für Elſaß=Lothringen, zuf. RG. v. 8. Jan. 1873 (RGB. 1873 S. 51, GB. f. Elſ.= Lothr. 1873 S. 1).

Dazu: RG. v. 20. Dez. 1875, betr. die Naturaliſation von Ausländern, welche im Reichsdienſte angeſtellt ſind. (RGB. 1875 S. 324).

Vgl. Schlußprotokoll zu dem Vertrage vom 23. Nov. 1870, betr. den Beitritt Bayerns zur Verf. des Deutſchen Reiches unter II (BGB. 1870 S. 23), ſ. unten Anlage VII.

f) BG. über den Unterſtützungswohnſitz v. 6. Juni 1870 (BGB. 1870 S. 360[1]). Auch gültig für Südheſſen, zuf. Art. 80 II. der mit Baden und Heſſen vereinbarten Verf. (BGB. 1870 S. 649), und für Württemberg und Baden, zuf. RG. v. 8. Nov. 1871 (RGB. 1871 S. 391).

Nicht gültig für Bayern zuf. des Vertrages mit Bayern v. 23. Nov. 1870 unter III. § 1 (BGB. 1871 S. 18) und für Elſaß= Lothringen.

Artikel 4.

Der Beauſſichtigung Seitens des Reichs[2]) und der Geſetzgebung[3]) deſſelben unterliegen die nachſtehenden Angelegenheiten[4]):

1) die Beſtimmungen über Freizügigkeit, Heimaths= und Niederlaſſungs=Verhältniſſe, Staatsbürgerrecht[5]), Paß=

----

[1]) Vgl. dazu das Pr. G. v. 8. März 1871, betr. die Ausführung des BG. über den Unterſtützungswohnſitz (Pr. GS. 1871 S. 130). — Vgl. v. Rönne's Staatsrecht des D. R., 2. Aufl., Bd. I. § 14 S. 125 ff.

[2]) Vgl. auch Art. 17 der Reichsverf.

[3]) Vgl. Art. 5 und 23 der Reichsverf.

[4]) Vgl. außerdem die Art. 11, 18, 20, 69, 75, 76, 78 der Reichsverf.

[5]) Vgl. den Vertr. zwiſchen dem Nordd. Bunde und den Ver=

wefen und Frembenpolizei und über den Gewerbebetrieb, einschließlich des Versicherungswefens, soweit diese Gegenstände nicht schon durch den Artikel 3. diefer Verfaffung erledigt sind, in Bayern jedoch mit Ausschluß der Heimaths= und Niederlassungs=Verhältniffe, desgleichen über die Kolonifation und die Auswanderung nach außerdeutschen Ländern;

1. **Ad v.: Freizügigkeit, Heimaths= und Niederlassungsverhältniffe, Staatsbürgerrecht.**

Vgl. Anm. 4 zum Art. 3 der Reichsverfaffung und in Betreff Bayerns das Schluß=Prot. zu dem Vertr. v. 23. Nov. 1870, betr. den Beitritt Bayerns zur Verf. des D. Bundes (BGB. 1871 S. 23 ff.) unter I. bis III.[1])

2. **Ad v.: Paßwefen und Frembenpolizei[2]).** BG. über das Paßwefen v. 12. Oft. 1867 (BGB. 1867 S. 33). Auch gültig für Baden, Südheffen, Württemberg und Bayern, zuf. Art. 80 1.

---

einigten Staaten von Nordamerika, betr. die Staatsangehörigkeit derjenigen Perfonen, welche aus dem Gebiete des einen Theils in dasjenige des anderen Theils einwandern, v. 22. Febr. 1868 (BGB 1868 S. 228). Vgl. über diefen Vertr.: v. Rönne's Staatsrecht des D. R., 2. Aufl., Bd. I. § 11 S. 105 Note 2 und Bd. II. Abth. 2 § 114 S. 197 Note 1 c und S. 313, desgl. v. Rönne's Staatsrecht der Pr. Monarchie, 4. Aufl., Bd. II. § 131 sub VI. S. 23.

[1]) Vgl. unten Anlage VII.

[2]) Vgl. v. Rönne's Staatsrecht des D. R., 2. Aufl., Bd. I. § 14 S. 117 ff. — Auf Grund des § 9 des G. über das Paßwefen v. 12. Oft. 1867 ist die Paßpflichtigkeit vorübergehend angeordnet worden: a) durch Kaiferl. V. v. 26. Juni 1878 (RGB. 1878 S. 181) für in Berlin ankommende Fremde und Neuanziehende; b) durch Kaiferl. V. v. 14. Juni 1879 (RGB. 1879 S. 155) für aus Rußland kommende Reisende, welche V. theilweise wieder aufgehoben worden ist durch Kaiferl. V. v. 29. Dez. 1880 (RGB. 1881 S. 1).

der mit Baden und Hessen vereinb. Verf. (BGB. 1870 S. 647),
des Vertr. mit Württemberg v. 25. Nov. 1870 Art. 2 Nr. 6 (BGB.
1870 S. 656) und des RG. v. 22. April 1871 § 2 I. 1 (BGB. 1871
S. 87).

3. **Ad v.: Gewerbebetrieb¹).**

a) BG., betr. den Betrieb der stehenden Gewerbe v. 8. Juli 1868
(BGB. 1868 S. 406), an dessen Stelle jetzt getreten ist:

b) Gewerbe=Ordn. für den Nordd. Bund v. 21. Juni 1869 (BGB.
1869 S. 245). Auch gültig für Südhessen, zuf. Art. 80 unter II.
der mit Baden und Hessen vereinbarten Verf. (BGB. 1870 S. 647),
für Württemberg und Baden, zuf. RG. v. 10. Nov. 1871 (RGB.
1871 S. 392) und (mit einigen Abänderungen der strafrechtlichen
Bestimmungen für Bayern zuf. RG. v. 12. Juni 1872 (RGB.
1872 S. 170.²)

Dazu:

α) Zum § 6. αα) An Stelle des Abf. 1 des § 6 sind die Be=
stimmungen des Art. 1 des RG. v. 23. Juli 1879 (RGB. 1879
S. 267 getreten.

ββ) Auf Grund der Bestimmung im Abf. 2 des § 6 ist
die V. v. 25. März 1872, betr. den Verkehr mit Apo=
thekerwaaren (RGB. 1872 S. 85) ergangen, an deren
Stelle jedoch die V. v. 4. Jan. 1875, betr. den Ver=
kehr mit Arzneimitteln (RGB. 1875 S. 5), getreten,
welche durch die V. v. 9. Febr. 1880, betr. den Ver=
kehr mit künstlichen Mineralwässern (RGB. 1880 S. 13)
ergänzt worden ist.

β) Zum § 16. αα) Bekanntmachung des Reichskanzlers v.
20. Juli 1878, betr. eine Abänderung des Verzeichnisses der
gewerblichen Anlagen, welche einer besonderen Genehmigung
bedürfen (RGB. 1878 S. 299, RCBl. 1878 S. 234), und
RG. v. 2. März 1874, betr. die einer besonderen Ge=

---

¹) Vgl. v. Rönne's Staatsrecht des D. R., 2. Aufl., Bd. I. § 15
S. 133 ff.

²) Der Abf. 2 des § 1 des G. v. 12. Juni 1872 ist durch den
Art. 3 Abf. 2 des RG. v. 23. Juli 1879 (RGB. 1879 S. 268) aufgehoben.

nehmigung bedürfenden gewerblichen Anlagen. (RGB. 1874 S. 19).

ββ) Bekanntmachung des Reichskanzlers v. 26. Juli 1881, betr. eine Abänderung des Verzeichnisses der gewerblichen Anlagen, welche einer besonderen Genehmigung bedürfen. (RGB. 1881 S. 251).

γ) Zum § 24. Bekanntmachung des Reichskanzlers v. 29. Mai 1871, betr. allgemeine polizeiliche Bestimmungen über die Anlegung von Dampfkesseln. (RGB. 1871 S. 122).

δ) Zum § 29. Der § 29 der Gewerbe-O. für das Deutsche Reich v. 21. Juli 1869 ist auch in Elsaß-Lothringen (vom 1. Okt. 1872 ab) eingeführt worden durch RG. v. 15. Juli 1872 (RGB. 1872 S. 350, GB. f. Els.-Lothr. 1872 S. 534 [1]).

Auf Grund der Bestimmung des § 29 sind erlassen worden:

Bekanntmachung des Bundeskanzlers v. 25. Sept. 1869, betr. die Prüfung der Aerzte, Zahnärzte, Thierärzte und Apotheker. (BGB. 1869 S. 635). [Nur noch für die Prüfung der Aerzte und Zahnärzte in Gültigkeit.]

Bekanntmachung des Bundeskanzlers v. 9. Dez. 1869, betr. die Entbindung von den im § 29 der Gewerbe-O. vorgeschriebenen ärztlichen Prüfungen. (BGB. 1869 S. 687).

Bekanntmachung des Bundeskanzlers v. 9. Dec. 1869, betr. die bei der Universität Gießen bestehende Veterinairanstalt und die mit der polytechnischen Schule in Braunschweig verbundene pharmazeutische Fachschule. (BGB. 1869 S. 688.)

Bekanntmachung des Reichskanzlers v. 21. Dez. 1871, betr. die Approbationen für Aerzte, Zahnärzte, Thierärzte und

---

[1] Vgl. Konvention zwischen dem D. R. und Belgien v. 7. Febr. 1873, betr. die gegenseitige Zulassung der in den Grenzgemeinden wohnhaften Medizinalpersonen zur Ausübung der Praxis (RGB. 1873 S. 55), und Uebereinkunft zwischen dem D. R. und den Niederlanden v. 11. Dez. 1873, betr. die gegenseitige Zulassung der in den Grenzgemeinden wohnhaften Aerzte, Wundärzte und Hebammen zur Ausübung der Praxis. (RGB. 1874 S. 99).

Apotheker aus Württemberg und Baden. (RGB. 1871 S. 472).

Bekanntmachung des Reichskanzlers v. 17. Mai 1872, betr. die Approbationen für Thierärzte und die Prüfung der Kandidaten der Thierheilkunde und der Pharmazie aus Württemberg, sowie der Besuch der polytechnischen Schulen in Stuttgart und Karlsruhe. (RGB. 1872 S. 151).

Bekanntmachung des Reichskanzlers v. 28. Juni 1872, betr. die Prüfung der Aerzte, Zahnärzte, Thierärzte und Apotheker. (RGB. 1872 S. 243).

Bekanntmachung des Reichskanzlers v. 19. Juli 1872, betr. die Approbationen für Aerzte, Zahnärzte, Thierärzte und Apotheker. (RGB. 1872 S. 351).

Bekanntmachung des Reichskanzlers v. 9. März 1873, betr. die Prüfung Württembergischer Wundärzte zweiter Abtheilung im Fache der Geburtshülfe. (RCBl. 1873 S. 74).

Bekanntmachung des Reichskanzlers v. 15. Juli 1873, betr. die Prüfungen der Apotheker. (RGB. 1873 S. 299, GB. f. Els.-Lothr. 1873 S. 247, RCBl. 1873 S. 254).

Bekanntmachung des Reichskanzlers v. 5. März 1875, betr. die Prüfung der Apotheker (RGB. 1875 S. 174, RCBl. 1875 S. 167), wodurch alle früheren über die Prüfung der Apotheker ergangenen Bekanntmachungen aufgehoben sind. Dazu: Bekanntmachung des Reichskanzlers v. 25. Dez. 1879, betr. die Abänderung der Bestimmungen über die Prüfung der Apotheker (RCBl. 1879 S. 850).

Bekanntmachung des Reichskanzlers v. 18. Nov. 1875, betr. die Bestimmungen über die Prüfung der Apothekergehülfen (RCBl. 1875 S. 761), nebst Bekanntmachung des Reichskanzlers v. 4. Febr. 1879, betr. die Abänderung der Bestimmungen über die Prüfung der Apothekergehülfen (RCBl. 1879 S. 91) und Bekanntmachung des Reichskanzlers v. 25. Dez. 1879, betr. die Abänderung der Bestimmungen über die Prüfungen der Apothekergehülfen. (RCBl. 1879 S. 850).

Bekanntmachung des Reichskanzlers v. 27. März 1878,

betr. die Prüfung der Thierärzte. (RGB. 1878 S. 10, RCBl. 1878 S. 160).

ε) Zum § 30 Abf. 1. An Stelle des Abf. 1 des § 30 find die Bestimmungen des Art. 2 des RG. v. 23. Juli 1879 (RGB. 1879 S. 267) getreten.

ζ) Zum § 31. Auf Grund der Bestimmung des § 31 der Gewerbe-O. v. 21. Juni 1869 in Verbindung mit Art. 54 der Reichsverf. find die Belanntmachungen des Bundes- (Reichs-) lanzlers, betr. die Prüfung der Seeschiffer und Seesteuer- leute auf Deutschen Kauffahrteischiffen, v. 25. Sept. 1869 (BGB. 1869 S. 660) und v. 30. Mai 1870 (BGB. 1870 S. 814) erlassen worden. — Ueber die Zulassung ehemaliger Offiziere 2c. der Kaiserlichen Marine als Seeschiffer und Seesteuerleute auf Deutschen Kauffahrteischiffen vgl. die Belanntmachung des Reichslanzlers v. 21. Dez. 1874 (RCBl. 1875 S. 51).

Vgl. Anm. 3 zum Art. 54 der Reichsverfassung.

Das RG. v. 11. Juli 1878 (RGB. 1878 S. 109) verordnet, daß die Bestimmungen, welche in der Gewerbe-O. in Bezug auf Seesteuerleute getroffen find, auf Maschinisten der See- dampfschiffe gleichfalls Anwendung finden. — In Ausfüh- rung dieses Gesetzes ist die Belanntmachung des Reichs- lanzlers v. 30. Juni 1879, betr. die Prüfung der Maschinisten auf Seedampfschiffen der Deutschen Handelsflotte (RCBl. 1879 S. 427) erlassen.

η) Zum § 32 RG. v. 15. Juli 1880, betr. die Abänderung des § 32 der Gewerbeordnung. (RGB. 1880 S. 179).

ϑ) Zum § 33. An Stelle des Abf. 3 § 33 ist die Bestimmung des Art. 3 des RG. v. 23. Juli 1879 (RGB. 1879 S. 268) getreten.

ι) Zum § 34. An Stelle des § 34 find die Bestimmungen des Art. 4 Ziffer I. des RG. v. 23. Juli 1879 (RGB. 1879 S. 268) getreten.

κ) Zum § 35. Der § 35 ist abgeändert durch den Art. 4. Ziffer II. des RG. v. 23. Juli 1879. (RGB. 1879 S. 209).

λ) Zum § 38. An Stelle des § 38 find die Bestimmungen

des Art. 4 Ziffer III. des RG. v. 23. Juli 1879 (RGB.
1879 S. 269) getreten.

μ) Zum § 57. Bekanntmachung des Reichskanzlers v. 7. März
1877, betr. die Bestimmungen des Bundesraths über den
Gewerbebetrieb der Ausländer im Umherziehen. (RGBl.
1877 S. 142 [1]).

ν) Zu den §§ 97—104. An die Stelle der §§ 97—104 sind
die Bestimmungen des Art. 1 (§§ 97—104) des RG. v.
18. Juli 1881 (RGB. 1881 S. 223) getreten.

ξ) Zum Tit. VII. (§§ 105—139). An Stelle des Tit. VII.
sind die Bestimmungen des Art. 1 (§§ 105—139) des RG.
v. 17. Juli 1878, betr. die Abänderung der Gewerbe-O.
(RGB. 1878 S. 199) getreten.

o) Zu den §§ 140, 141. RG. v. 7. April 1876 über die ein-
geschriebenen Hülfskassen [2]) (RGB. 1876 S. 125) und RG.
v. 8. April 1876, betr. die Abänderung des Art. VIII. der
Gewerbe-O. (RGB. 1876 S. 134).

π) Zu den §§ 146, 147, 148, 149, 150, 154. RG. v. 17. Juli
1878 Art. 2, betr. die Abänderung der Gewerbe-O. (RGB.
1878 S. 210) und RG. v. 18. Juli 1881 Art. 2, betr. die
Abänderung der Gewerbe-O. (RGB. 1881 S. 244).

4. Ad v.: Versicherungswesen. In dem Schlußprotokoll

---

[1]) Die auf Grund des § 57 der B.Gew.O. erlassenen Bestimmungen der Bekanntmachungen des Reichskanzlers v. 17. Jan. 1871,
betr. die Ausstellung von Legitimationsscheinen zum Gewerbebetrieb
im Umherziehen für Ausländer und Angehörige solcher Bundesstaaten,
in welchen die B.Gew.O. Gesetzeskraft noch nicht erlangt hat. B.GB.
1871 S. 37) u. v. 31. Dez. 1871, betr. die Ausstellung von Legitimationsscheinen zum Gewerbebetrieb im Umherziehen (RGB. 1872
S. 2), sind durch die Bestimmungen der Bekanntmachung v. 4. Febr.
1878 (RGBl. 1878 S. 2) aufgehoben, auch diese letztgedachten Bestimmungen aber wieder durch diejenigen der Bekanntmachung v. 7. März
1877 ersetzt worden.

[2]) Vgl. dazu die Ausführungsverordn. des Reichskanzlers v.
14. Febr. 1877. (RGBl. 1877 S. 99).

zu dem Vertr. v. 23. Nov. 1870, betr. den Beitritt Bayerns zur
Verf. des D. Bundes ist unter IV. vorbehalten worden, daß, wenn
sich die Reichsgesetzgebung mit dem Immobiliar-Versicherungswesen
befassen sollte, die vom Reiche zu erlassenden gesetzlichen Bestimmungen in Bayern nur mit Zustimmung der Bayerischen Regierung
Geltung erlangen können. (BGB. 1871 S. 25[1]).

2) die Zoll- und Handelsgesetzgebung und die für
die Zwecke des Reichs zu verwendenden Steuern;

Vgl. hinsichtlich der hierauf bezüglichen Gesetzgebung die Anm.
zu den Art. 35 und 70 der Reichsverfassung.

3) die Ordnung des Maaß-, Münz- und Gewichts-
systems[2]), nebst Feststellung der Grundsätze über die
Emission von fundirtem und unfundirtem Papiergelde;

1. Ad v.: Maaß-, Münz- und Gewichtssystem[3]).

a. Maaß- und Gewichts-O. für den Nordd. Bund, v. 17. Aug. 1868
(BGB. 1868 S. 473). Auch gültig für Baden und Südhessen
zuf. Art. 80 I. 11 der mit Baden und Hessen vereinbarten Verf.
(BGB. 1870 S. 647) und für Württemberg, zuf. Art. 2 Nr. 6
des Vertr. v. 25. Nov. 1870 (BGB. 1870 S. 656). In Bayern
mit Modifikationen eingeführt durch RG. v. 26. Nov. 1871.
(RGB. 1871 S. 397). Seit dem 1. Jan. 1872 im ganzen
Reichsgebiete, mit Ausnahme von Elsaß-Lothringen, in Kraft
getreten. In Elsaß-Lothringen mit Modifikationen eingeführt
durch RG. v. 19. Dez. 1874. (RGB. 1875 S. 1, GB. f. Els.-Lothr.
1875 S. 1).
Dazu:
α) G. des Nordd. Bundes v. 10. März 1870 wegen Ergänzung

---

[1]) Vgl. unten Anlage VII.

[2]) Vgl. v. Rönne's Staatsrecht des D. R., 2. Aufl., Bd. II.
Abth. 1 §§ 95 u. 96 S. 241 ff.

[3]) Vgl. die internationale Meterkonvention v. 20. Mai 1875.
(RGB. 1876 S. 191 ff.).

der Maaß= und Gewichts=O. für den Nordd. Bund, v. 17. Aug. 1868. (BGB. 1870 S. 46[1]).

β) RG. v. 7. Dez. 1873, betr. die Abänderung der Maaß= und Gewichts=O. für den Nordd. Bund, v. 17. Aug. 1868. (RGB. 1873 S. 377).

γ) RG. v. 20. Juli 1881, betr. die Bezeichnung des Raum= gehaltes der Schankgefäße. (RGB. 1881 S. 249).

δ) Bekanntmachung des Bundeskanzlers v. 16. Febr. 1869, betr. die Errichtung einer Normal=Eichungskommission in Berlin. (BGB. 1869 S. 46[2]).

ε) Eichordnung für den Nordd. Bund, v. 16. Juli 1869 (BGB. 1869 Beilage zu Nr. 32).

Zur Eichordn. v. 16. Juli 1869 hat die Normal= Eichungskommission Nachträge erlassen. Vgl.: erster Nach= trag v. 30. Juni 1870 (BGB. Beil. zu Nr. 29 S. IV—V RGBl. 1873 S. 116), zweiter Nachtrag v. 6. Mai 1871 (RGB. 1871 Beilage zu Nr. 27 S. I—III, RGBl. 1873 S. 66[3]), dritter Nachtrag v. 31. Jan. 1872 (RGB. 1872 Beilage zu Nr. 12, RGBl. 1873 S. 18), vierter Nachtrag v. 25. Juni 1872 (RGB. 1872 Beilage zu Nr. 26 S. VI, RGBl. 1873 S. 21—22), fünfter Nachtrag v. 28. Juni 1873 (RGBl. 1873 S. 215—217), sechster Nachtrag v. 3. März 1874 (RGBl. 1874 S. 167), siebenter Nachtrag v. 28. Sept. 1875 (RGBl. 1875 S. 711—713), achter Nachtrag v. 19. Aug. 1876 (RGBl. 1876 S. 454), neunter Nachtrag v. 6. Okt. 1877 (RGBl. 1877 S. 631), zehnter Nachtrag v. 25. März 1878 (RGBl. 1878 S. 205), elfter Nachtrag v. 6. Sept. 1880

---

[1] Dieses Gesetz des Nordd. Bundes hat seine praktische Be= deutung dadurch verloren, daß jetzt die Maaß= und Gewichts=O. v. 17. Aug. 1868 auch in den Südd. Staaten in Geltung ge= treten ist.

[2] Vgl. das Pr. G. v. 26. Nov. 1869, betr. die Eichungs= behörden. (Pr. GS. 1869 S. 1165).

[3] Vgl. dazu die Bekanntmachung des Reichskanzlers v. 16. Aug. 1871 Ziffer 2. (RGB. 1871 S. 328).

(RGBl. 1880 S. 704) nebst Berichtigung v. 7. Dez. 1880 (RGBl. 1881 S. 2 [1]).

Eichgebührentaxe für den Nordb. Bund v. 12. Dez. 1869 (BGB. 1869 Beil. zu Nr. 40, RGBl. 1873 S. 135) und Nachträge dazu, nämlich erster Nachtrag v. 30. Juni 1870 (BGB. 1870 Beil. zu Nr. 29 S. V—VI), zweiter Nachtrag v. 6. Mai 1871 (RGB. 1871 Beil. zu Nr. 23 S. IV, RGBl. 1873 S. 67), dritter Nachtrag v. 30. Juni 1873 (RGBl. 1873 S. 217), vierter Nachtrag v. 30. Nov. 1875 (RGBl. 1875 S. 813), fünfter Nachtrag v. 25. März 1878 (RGBl. 1878 S. 207), sechster Nachtrag v. 3. Dez. 1880 (RGBl. 1880 S. 790 [2]).

Anderweitige Erlasse der Normal=Eichungskommission:

Bekanntmachung v. 25. Juni 1872, betr. die Zulassung von Federwaagen zur Eichung und Stempelung und zur Anwendung beim Wägen von Eisenbahnpassagiergepäck. (RGB. 1872 Beilage zu Nr. 26 S. I, RGB. 1873 S. 9).

Bekanntmachung der Vorschriften über die Eichung und Stempelung der Meßapparate für Flüssigkeiten, v. 19. März 1872. (RGB. 1872 Beil. zu Nr. 12. S. VII—X, RGBl. 1873 S. 19).

Bekanntmachung v. 30. April 1874, betr. eine eichamt= liche Ermittelung und Beglaubigung des Gewichts leerer Faßräume. (RGB. 1874 S. 167—171).

Bekanntmachung der Vorschriften v. 31. Jan. 1872 über

---

[1] Laut Bekanntmachung des Reichskanzlers v. 26. März 1877 (RGB. 1877 S. 408) werden die von der Normal=Eichungskommission zur Abänderung der Eichordn. v. 16. Juli 1869 getroffenen Be= stimmungen durch das C. B. des D. R. veröffentlicht.

[2] Ueber die neue Aufstellung der Eichgebührentaxe v. 12. Dez. 1869 unter Umrechnung der Taxumsätze auf Mark und Pfennig der Reichswährung vgl. Bekanntmachung der Normal=Eichungskommission v. 24. Dez. 1874 (RGBl. 1875 S. 88) und die neue Taxe v. 24. Dez. 1874 im RGBl. 1875 S. 94—108.

Eichung und Stempelung der Goldmünzgewichte. (RGB. 1872 Beil. zu Nr. 12 S. III, RCBl. 1873 S. 12 ff.). Dazu Bekanntmachung v. 27. Jan. 1877 betr. die Eichung und Stempelung von Gewichtsstücken, welche das Normalgewicht und das Passirgewicht des goldenen Fünfmarkstücks angeben. (RGB. 1877 S. 90).

Anweisung v. 6. Mai 1871, betr. die Medizinalgewichte (RGB. 1871 Beil. zu Nr. 23 S. I, RCBl. 1873 S. 82), und Bekanntmachung v. 1. Mai 1872, betr. die Anwendung von Präzisionswaagen in den Offizinen der Apotheker (RGB. 1872 Beil. zu Nr. 14, RCBl. 1873 S. 82), abgeändert durch die Bekanntmachung v. 17. Juni 1875 (RCBl. 1875 S. 374 u. Pr. Min. B. d. i. B. 1875 S. 181).

Bekanntmachung der Vorschriften über die Eichung und Stempelung von Maaßen und Meßwerkzeugen für Brennmaterialien, sowie für Kalk und andere Mineralprodukte, v. 15. Febr. 1871 (BGB. 1871 Beil. zu Nr. 11, RCBl. 1873 S. 121—124, 130—134). Dazu: Nachträge v. 31. Jan. 1872 (RGB. 1872 Beil. zu Nr. 12 S. II, RCBl. 1873 S. 18—19), v. 25. Juni 1872 (RGB. 1872 Beil. zu Nr. 26 S. VII, RCBl. 1873 S. 22) und v. 28. Sept. 1875 (RCBl. 1875 S. 714).

Bekanntmachung v. 23. Febr. 1870, betr. die innerhalb des Norbb. Bundes unzulässigen älteren Gewichte. (RGB. 1870 Beil. zu Nr. 20).

ζ) Bekanntmachung des Bundeskanzlers v. 6. Dez. 1869, betr. die äußerste Grenze der im öffentlichen Verkehr noch zu duldenden Abweichungen der Maaße, Gewichte und Waagen von der absoluten Richtigkeit. (BGB. 1869 S. 698).

Bekanntmachung des Reichskanzlers v. 16. Aug. 1871, betr. die bei Maaßen und Meßwerkzeugen für Brennmaterialien 2c. und bei Hökerwaaren im öffentlichen Verkehr noch zu duldenden Abweichungen von der absoluten Richtigkeit. (RGB. 1871 S. 328).

Bekanntmachung des Reichskanzlers v. 14. Dez. 1872, betr. die bei Goldmünzgewichten, bei Meßapparaten für Flüssigkeiten und bei Federwaagen für Eisenbahnpassagiergepäck im öffentlichen Verkehr noch zu duldenden Abweichungen von der absoluten Richtigkeit. (RCBl. 1873 S. 3).

Zu den vorstehend gedachten Bekanntmachungen: Bekanntmachung des Reichskanzlers v. 12. März 1881, betr. die Abänderung der Vorschriften über die im Verkehr zulässigen Fehlergrenzen bei Alkoholometern und zugehörigen Thermometern, sowie bei Waagen. (RCBl. 1881 S. 98).

Bekanntmachungen des Reichskanzlers v. 11. u. 25. Juli 1875, betr. die Abänderung der Vorschriften (der Bekanntmachung v. 6. Dec. 1869) über die im Verkehr zulässige Fehlergrenze bei zylindrischen Hohlmaaßen. (RCB. 1875 S. 436 u. RGB. 1875 S. 257).

η) Bekanntmachung des Reichskanzlers v. 1. März 1880, betr. die Beglaubigung von Meßgeräthen, welche zur Ausführung der in dem Regulativ, betr. die Steuerfreiheit des Branntweins zu gewerblichen Zwecken (RCBl. 1879 S. 781), vorgeschriebenen Prüfung von Holzgeist und Essig erforderlich sind. (RCBl. 1880 S. 87).

ϑ) Bekanntmachung des Reichskanzlers v. 22. März 1876, betr. die eichamtliche Behandlung vorschriftswidriger Maaße, Gewichte und sonstiger Meßwerkzeuge. (RGB. 1876 S. 123, RCBl. 1876 S. 185).

b) α) RG. v. 4. Dez. 1871, betr. die Ausprägung von Reichsgoldmünzen. (RGB. 1871 S. 404).

β) R.Münzgesetz v. 9. Juli 1873. (RGB. 1873 S. 233).

Durch RG. v. 15. Dez. 1874 sind die beiden Gesetze v. 4. Dez. 1871 und v. 9. Juli 1873 auch (mit einzelnen Maaßgaben) auf Elsaß-Lothringen ausgedehnt worden. (RGB. 1874 S. 131, GB. f. Els.-Lothr. 1874 S. 89).

Dazu:

αα) RG. v. 20. April 1874 (RGB. 1874 S. 35) und RG. v. 6. Jan. 1876 (RGB. 1876 S. 3), betr. die Abänderung des Art. 15 des Münzgesetzes v. 9. Juli 1873

ββ) B. v. 22. Sept. 1875, betr. die Einführung der Reichswährung. (RGB. 1875 S. 303[1]).

γγ) Allerh. Erlaß v. 17. Febr. 1875, betr. die einheitliche
 Benennung der Reichsgoldmünzen. (RGB. 1875
 S. 72).

δδ) Vgl. die Uebersicht der auf Grund der Art. 13 und 16
 des Münzgesetzes v. 9. Juli 1873 erlassenen Bestimmungen des Bundesrathes über das Verbot des
 Umlaufes fremder Münzen, beziehungsweise über die
 Außerkurssetzung von Landesmünzen in v. Rönne's
 Staatsrecht des D. R., 2. Aufl., Bd. II. Abth. 1
 § 96 S. 261 Note 2 und 3 und Bekanntmachung
 des Reichskanzlers v. 22. Febr. 1878 (RGB. 1878
 S. 3).

2. Ad v.: Papiergeld[2]).

a) BG. v. 16. Juli 1870 über die Ausgabe v. Papiergeld. (BGB.
 1870 S. 507). Auch gültig für Baden und Südhessen, zuf. Art.
 80 I. Nr. 27 der mit denselben vereinbarten Verf. (BGB. 1870
 S. 647), für Württemberg v. 1. Jan. 1872 an, zuf. Art. 2 Nr. 6
 des Vertr. v. 25. Nov. 1870 (BGB. 1870 S. 656) und für Bayern
 v. 1. Jan. 1872 an, zuf. § 2 unter III. 2 des RG. v. 22. April
 1871. (BGB. 1871 S. 88).

b) R.Münzgesetz v. 9. Juli 1873 Art. 18. (RGB. 1873 S. 239).

c) RG. v. 30. April 1874, betr. die Ausgabe von Reichskassen-
 scheinen. (RGB. 1874 S. 40).

d) BG. v. 21. Juli 1870, betr. die Gründung öffentlicher Darlehns-
 kassen und die Ausgabe v. Darlehnskassenscheinen, (BGB. 1870
 S. 499) und RG. v. 6. März 1878, betr. die Einlösung und

---

[1]) Ueber die in einzelnen Bundesstaaten schon vor Erlaß dieser
Verordn. im Verordbordnungswege erfolgte Einführung der Reichs-
währung vgl. v. Rönne's Staatsrecht des D. R., 2. Aufl., Bd. II.
Abth. 1 § 96 S. 253 Note 5.

[2]) Vgl. v. Rönne's Staatsrecht des D. R., 2. Aufl., Bd. II.
Abth. 1 § 97 S. 265 ff.

Präklusion der von dem vormaligen Nordd. Bunde ausgegebenen Darlehnskassenscheine. (RGB. 1878 S. 5).

4) die allgemeinen Bestimmungen über das Bankwesen [1]);

a) BG. v. 27. März 1870 über die Ausgabe von Banknoten (BGB. 1870 S. 51). Auch gültig für Baden und Südhessen, v. 1. Jan. 1872 an, zuf. Art. 80 unter II. 1 der mit Baden und Hessen vereinbarten Verf. (BGB. 1870 S. 647), für Württemberg, zuf. Art. 2 Nr. 6 des Vertr. v. 25. Nov. 1870 (BGB. 1870 S. 656), und für Bayern, zuf. § 2 unter III. 1 des RG. v. 22. April 1871 (BGB. 1871 S. 87).

Dazu:

α) RG. v. 16. Juni 1872, betr. die Verlängerung der Wirksamkeit des Gesetzes über die Ausgabe von Banknoten, v. 27. März 1870 (RGB. 1872 S. 169) und RG. v. 30. Juni 1873, betr. die Verlängerung der Wirksamkeit des Gesetzes über die Ausgabe von Banknoten v. 27. März 1870 (RGB. 1873 S. 169) bis zum 31. Dez. 1874.

β) R.Münzgesetz v. 9. Juli 1873 Art. 18. (RGB. 1873 S. 233).

γ) RG. v. 21. Dez. 1874, betr. die Ausgabe von Banknoten. (RGB. 1874 S. 193).

b) G. v. 4. Juli 1871, betr. den Betrieb von Bankgeschäften in Elsaß-Lothringen durch die Pr. Bank. (GB. f. Els.-Lothr. 1871 S. 3 [2]).

---

[1] Vgl. v. Rönne's Staatsrecht des D. R., 2. Aufl., Bd. II. Abth. 1 § 98 S. 268 ff.

[2] Vgl. Preuß. V. v. 10. Juni 1871, betr. die Errichtung von Bankkomptoiren, Kommanditen und Agenturen in Elsaß und in Lothringen durch die Preuß. Bank (Preuß. GS. 1871 S. 229), welche aufgehoben ist durch die V. v. 26. Febr. 1872 (Preuß. GS. 1872 S. 182) und das (an Stelle dieser V. getretene) Preuß. G. v. 26. Febr. 1872, betr. die V. v. 10. Juni 1871 und die Ausdehnung der Geschäfte der Preuß. Bank auf das Deutsche Reichsland Elsaß und Lothringen (Preuß. GS. 1872 S. 181).

c) **Bankgesetz** v. 14. März 1875. (RGB. 1875 S. 177).
Dazu:

α) Statut der Reichsbank v. 21. Mai 1875. (RGB. 1875
S. 203).

β) Vertrag zwischen Preußen und dem Deutschen Reiche über
die Abtretung der Preußischen Bank an das Deutsche Reich,
v. 17./18. Mai 1875. (RGB. 1875 S: 215).

γ) Bekanntmachungen des Reichskanzlers, betr. die Anwendung
der §§ 42 und 43 des Bankgesetzes v. 29. Dez. 1875 (RGB.
1875 S. 390), v. 7. Jan. 1876 (RGB. 1876 S. 2) und v.
3. Sept. 1879 (RGB. 1879 S. 286).

δ) Bekanntmachungen des Reichskanzlers v. 1. April 1876 (RGB.
1876 S. 124), v. 23. Juli 1876 (RGB. 1876 S. 170) und v.
13. Okt. 1877 (RGB. 1877 S. 567), betr. den Antheil der
Reichsbank an dem Gesammtbetrage des steuerfreien un-
gedeckten Notenumlaufs.

ε) Bekanntmachung des Reichskanzlers v. 7. Juni 1877, betr.
den Aufruf und die Einziehung der Einhundertmarknoten
der Bayerischen Hypotheken- und Wechselbank (RGB. 1877
S. 527), Bekanntmachungen des Reichskanzlers v. 19. Dez.
1877, v. 9. April 1878 und v. 19. Okt. 1878, betr. den Aufruf
und die Einziehung der Einhundertmarknoten der Rostocker
Bank (RGB. 1877 S. 575 u. 1878 S. 11 u. 350), und
Bekanntmachungen v. 15. März und 10. April 1878, betr.
den Aufruf und die Einziehung der von der vormaligen
Königl. Bank ausgegebenen Einhundertmarknoten (RGB.
1878 S. 6 u. 12).

5) die Erfindungspatente [1]);

a) Vgl. Uebereinkunft der zum Zoll- und Handelsverein verbundenen
Regierungen v. 21. Sept. 1842 wegen Ertheilung von Erfindungs-
patenten und Privilegien (Preuß. GS. 1843 S. 265) und Zoll-
vereinsvertrag v. 8. Juli 1867 Art. 21 (BGB. 1867 S. 103),

---

[1] Vgl. v. Rönne's Staatsrecht des D. Reichs, 2. Aufl., Bd. I.
§ 16 S. 162 ff. und Bd. II. Abth. 2 S. 319 ff. und 331 ff.

desgl. Preuß. V. v 24. Juni 1867, betr. die Einführung der Preuß. Gesetzgebung über die Ertheilung von Erfindungs= und Einführungspatenten in den Herzogthümern Schleswig und Holstein. (Preuß. GS. 1867 S. 1113.)

b) Für Elsaß=Lothringen vgl. G. v. 18. Nov. 1872 (GB. f. Elf.=Lothr. 1872 S. 774) und V. v. 18. Nov. 1872 (a. a. O. S. 775).

c) Patentgesetz v. 25. Mai 1877. (RGB. 1877 S. 501).

•Dazu: V. v. 18. Juni 1877, betr. die Einrichtung, das Ver= fahren und den Geschäftsgang des Patentamtes (RGB. 1877 S. 583), und V. v. 1. Mai 1878, betr. das Berufungsverfahren beim Reichsoberhandelsgericht in Patentsachen. (RGB. 1878 S. 90).

6) der Schutz des geistigen Eigenthums[1]);

a) BG. v. 11. Juni 1870, betr. das Urheberrecht an Schriftwerken, Abbildungen, musikalischen Werken und Kompositionen (BGB. 1870 S. 339). Auch gültig für Baden und Südhessen, zuf. Art. 80 unter I. Nr. 25 der mit diesen Staaten vereinbarten Verf. (BGB. 1870 S. 647), für Württemberg, zuf. des Vertr. v. 25. Nov. 1870 Art. 2 Nr. 6 (BGB. 1870 S. 656), für Bayern, zuf. § 11 des RG. v. 22. April 1871 (BGB. 1871 S. 90) und für Elsaß=Lothringen, zuf. RG. v. 27. Jan. 1873 (RGB. 1873 S. 42, GB. f. Elf.=Lothr. 1873 S. 19).

Dazu: Instr. über die Sachverständigen=Vereine v. 12. Dez. 1870 (BGB. 1870 S. 621, GB. f. Elf.=Lothr. 1873 S. 34), nebst Bekanntmachung des Reichskanzlers v. 16. Juli 1879, betr. die Abänderung des § 6 der Instr. v. 12. Dez. 1870 (RGB. 1879 S. 266, RCB. 1879 S. 490).

b) RG. v. 9. Jan. 1876, betr. das Urheberrecht an Werken der bildenden Künste. (RGB. 1876 S. 4.)

c) RG. v. 10. Jan. 1876, betr. den Schutz von Photographien gegen unbefugte Nachbildung. (RGB. 1876 S. 8.)

---

[1]) Vgl. v. Rönne's Staatsrecht des D. Reichs, 2. Aufl, Bd. I. § 16 S. 160 ff. u. Bd. II. Abth. 1 § 105 S. 97 ff. u. Bd. II. Abth. 2 S. 319.

v. Rönne, Reichsverfassung. 4. Aufl.   4

d) RG. v. 11. Jan. 1876, betr. das Urheberrecht an Mustern und Modellen. (RGB. 1876 S. 11.)

Dazu (zu b—d): Bestimmungen des Reichskanzleramtes v. 29. Febr. 1876 über die Zusammensetzung und den Geschäftsbetrieb der künstlerischen, photographischen und gewerblichen Sachverständigenvereine, über die Inventarisirung und Stempelung der nach der bisherigen Gesetzgebung rechtmäßig angefertigten Vorrichtungen zur Herstellung von Werken der bildenden Künste, über die Führung der Eintragsrolle für Werke der bildenden Künste, und über die Führung des Musterregisters (RCBl. 1876 S. 117—126), nebst Bekanntmachung des Reichskanzlers v. 16. Juli 1879, betr. die Abänderung des § 4 der Bestimmungen v. 29. Febr. 1876 über die Zusammensetzung und den Geschäftsbetrieb der künstlerischen, photographischen und gewerblichen Sachverständigenvereine (RCBl. 1879 S. 490) und Nachtrag v. 23. Juli 1876 zu den Bestimmungen über die Führung des Musterregisters. (RCBl. 1876 S. 404.)

e) RG. v. 30. Nov. 1874 über Markenschutz. (RGB. 1874 S. 143.)

f) α) Uebereinkunft zwischen dem Norbb. Bunde und Italien wegen gegenseitigen Schutzes der Rechte an literarischen Erzeugnissen und Werken der Kunst, v. 12. Mai 1869. (BGB. 1869 S. 293.)

Uebereinkunft zwischen dem Norbb. Bunde und der Schweiz wegen gegenseitigen Schutzes der Rechte an literarischen Erzeugnissen und Werken der Kunst v. 13. Mai 1869 (BGB. 1869 S. 624).

Bekanntmachung v. 19. Sept. 1873, betr. die Ausdehnung der Wirksamkeit der am 13. Mai 1869 zwischen dem Norbb. Bunde und der Schweiz abgeschlossenen Uebereinkunft wegen gegenseitigen Schutzes der Rechte an literarischen Erzeugnissen und Werken der Kunst auf das Verhältniß zwischen Elsaß-Lothringen und der Schweiz. (GB f.. Els.-Lothr. 1873 S. 262.)

Verabredung zwischen Deutschland und der Schweiz v.

23. Mai 1881, betr. den gegenseitigen Schutz der Rechte
von literarischen Erzeugnissen und Werken der Kunst. (RGB.
1881 S. 171.)

β) Ueber den gegenseitigen Schutz der Waarenbezeichnungen
und den gegenseitigen Markenschutz vgl. die Uebersicht der
betr. Verträge Deutschlands mit fremden Staaten in dem
Hauptsachregister zum B. und RGB. von 1867—1876 S. 189
s. v.: Markenschutz, u. S. 247 s. v.: Waarenzeichen, und Bekanntmachungen des Reichskanzlers v. 28. Februar 1877,
betr. die Uebereinkunft mit Brasilien wegen gegenseitigen
Markenschutzes (RGB. 1877 S. 406), v. 4. April 1879, ·betr.
die Uebereinkunft mit Dänemark wegen gegenseitigen
Markenschutzes (RGB. 1879 S. 123), v. 19. Jan. 1882, betr.
die Uebereinkunft mit den Niederlanden wegen gegenseitigen
Schutzes der Waarenzeichen (RGB. 1882 S. 5) und v. 27. Januar
1882, betr. die Uebereinkunft mit Rumänien wegen gegenseitigen Markenschutzes. (RGB. 1882 S. 7). Bezüglich Oesterreich-Ungarns vgl. Art. 20 des Handelsvertrages v. 16. Dez.
1878 (RGB. 1878 S. 872).

7) Organisation eines gemeinsamen Schutzes des
Deutschen Handels im Auslande, der Deutschen Schif-
fahrt und ihrer Flagge zur See und Anordnung gemein-
samer konsularischer Vertretung, welche vom Reiche ausgestattet wird;

Vgl. Art. 54 u. 55 und Art. 56 der Reichsverfassung und die
Anm. dazu.

8) das Eisenbahnwesen, in Bayern vorbehaltlich
der Bestimmung im Artikel 46, und die Herstellung von
Land- und Wasserstraßen im Interesse der Landesver-
theidigung und des allgemeinen Verkehrs;

Vgl. Art. 41—46 und Art. 54 der Reichsverfassung und die
Anm. dazu.

9) der Flößerei- und Schiffahrtsbetrieb auf den

4*

mehreren Staaten gemeinsamen Wasserstraßen und der Zustand der letzteren, sowie die Fluß= und sonstigen Wasserzölle;

1. RG. v. 8. März 1873, betr. einen Zusatz zu dem Art. 4 Nr. 9 der Reichsverfassung. (RGB. 1873 S. 47.)

Wir Wilhelm, von Gottes Gnaden Deutscher Kaiser, König von Preußen ꝛc., verordnen im Namen des Deutschen Reichs, nach erfolgter Zustimmung des Bundesrathes und des Reichs= tages, was folgt:

Einziger Paragraph.

Im Artikel 4 der Reichsverfassung ist der Nr. 9 hinzuzufügen: desgleichen die Seeschifffahrtszeichen (Leuchtfeuer, Tonnen, Baken und sonstige Tagesmarken).

Urkundlich unter Unserer Höchsteigenhändigen Unterschrift und beigedrucktem Kaiserlichen Insiegel.

Gegeben Berlin, den 8. März 1873.

(L. S.)　　　　　　　　　　Wilhelm.

Fürst v. Bismarck.

2. Vgl. Art. 54 der Reichsverfassung und die Anm. dazu.

10) das Post= und Telegraphenwesen, jedoch in Bayern und Württemberg nur nach Maßgabe der Be= stimmung im Art. 52;

Vgl. Art. 48—52 der Reichsverfassung und die Anm. dazu.

11) Bestimmungen über die wechselseitige Voll= streckung von Erkenntnissen in Civilsachen und Er= ledigung von Requisitionen überhaupt[1]);

BG. v. 21. Juni 1869, betr. die Gewährung der Rechtshülfe (BGB. 1869 S. 305). Auch gültig für Baden und Südhessen, zuf. Art. 80 unter I. 19 der mit diesen Staaten vereinbarten Verf. (BGB.

---

[1]) Vgl. hierzu und über die Regelung des Gegenstandes durch das Gerichtsverfassungsgesetz v. 27. Jan. 1877 v. Rönne's Staats= recht des D. Reichs, 2. Aufl. Band II. Abth. 2 § 102 S. 58 ff.

1870 S. 647[1]), für Württemberg, zuf. Art. 2 Nr. 6 des Vertr. v. 25. Nov. 1870 (BGB. 1870 S. 656), für Bayern (mit einem Zusatze), zuf. § 6 des RG. v. 22. April 1871 (BGB. 1871 S. 87), und für Elsaß-Lothringen, zuf. G. v. 21. Dec. 1871 (RGB. S. 445, GB. f. Elf.-Lothr. 1871 S. 376).

12) sowie über die Beglaubigung von öffentlichen Urkunden;

1. RG. v. 1. Mai 1878, betr. die Beglaubigung öffentlicher Urkunden (RGB. 1878 S. 89.)

2. Vertrag v. 25. Febr. 1880 zwischen dem Deutschen Reiche und der Oesterreichisch-Ungarischen Monarchie wegen Beglaubigung der von öffentlichen Behörden und Beamten ausgestellten oder beglaubigten Urkunden (RGB. 1881 S. 4), und Vertrag v. 13. Juli 1881 wegen Ausdehnung dieses Vertrages auf Bosnien und die Herzegowina (RGB. 1881 S. 253).

Dazu: Bekanntmachung des Reichskanzlers v. 2. Febr. 1881 mit dem Verzeichniß derjenigen obersten Verwaltungsbehörden und höheren Verwaltungsbehörden im D. Reiche und in der Oesterreichisch-Ungarischen Monarchie, deren Urkunden einer Beglaubigung nicht bedürfen, (RGB. 1881 S. 8), nebst Nachtragsverzeichniß v. 3. Aug. 1881 (RGB. 1881 S. 256), und Bekanntmachung des Reichskanzlers v. 3. Aug. 1881 mit dem Verzeichniß derjenigen in Bosnien und der Herzegowina bestehenden obersten und höheren Verwaltungsbehörden und Gerichte, deren Urkunden einer Beglaubigung nicht bedürfen. (RGB. 1881 S. 255.)

13) die gemeinsame Gesetzgebung über das Ob-

---

[1]) Vgl. die bereits früher zwischen dem Nordd. Bunde und dem Großherzogthum Baden, sowie zwischen dem Nordd. Bunde und dem Großherzogthum Hessen abgeschlossenen Verträge wegen wechselseitiger Gewährung der Rechtshülfe, v. 14. Juni 1870 und v. 18. März 1870. (BGB. 1870 S. 67 und S. 607).

ligationenrecht, Strafrecht, Handels= und Wechselrecht und das gerichtliche Verfahren[1]);

1. RG. v. 20. Dez. 1873, betr. die Abänderung der Nr. 13 des Art. 4 der Verfassung des Deutschen Reichs. (RGB. 1873 S. 379.)

Wir Wilhelm, von Gottes Gnaden Deutscher Kaiser, König von Preußen x., verordnen im Namen des Deutschen Reichs, nach erfolgter Zustimmung des Bundesraths und des Reichstags, was folgt:

Einziger Paragraph.

An Stelle der Nr. 13 des Art. 4 der Verfassung des Deutschen Reichs tritt die nachfolgende Bestimmung:

Die gemeinsame Gesetzgebung über das gesammte bür= gerliche Recht, das Strafrecht und das gerichtliche Ver= fahren.

Urkundlich unter Unserer Höchsteigenhändigen Unterschrift und beigedrucktem Kaiserlichen Insiegel.

Gegeben Berlin, den 20. Dez. 1873.

(L. S.)   Wilhelm.

Fürst v. Bismarck.

Dieses G. ist in Elsaß=Lothringen eingeführt durch das RG. v. 8. Juli 1875 Ziffer 6. (RGB. 1875 S. 69, GB. f. Elf.=Lothr. 1875 S. 9).

2. Vgl. die Uebersicht der auf Grund des Art. 4 Nr. 13 der Bundes=, beziehungsweise Reichsverf. ergangenen Bundes= und Reichs= gesetze, unter Anlage IX.

14) das Militairwesen des Reichs und die Kriegs= marine;

Vgl. Art. 53 und Art. 57—68 der Reichsverfassung und die Anm. dazu.

15) Maßregeln der Medizinal= und Veterinair= polizei[2]);

---

[1]) Vgl. v. Rönne's Staatsrecht des D. Reichs, 2. Aufl., Bd. II. Abth. 2 §§ 101—105 S. 1 ff.

[2]) Vgl. v. Rönne's Staatsrecht des D. Reichs, 2. Aufl., Bd. II. Abth. 2 § 106 S. 100 ff.

1. a) BG. v. 7. April 1869, betr. Maßregeln gegen die Rinderpest. (BGB. 1869 S. 105). Auch gültig für Baden und Südhessen, zuf. Art. 80 unter I. 12 der mit Baden und Hessen vereinbarten Verfassung (BGB. 1870 S. 647), für Württemberg und Bayern, zuf. RG. v. 2. Mai 1871 (RGB. 1871 S. 372) und für Elsaß-Lothringen, zuf. G. v. 11. Dez. 1871 (RGB. 1871 S. 471, GB. f. Elf.-Lothr. 1871 S. 403).

Dazu: Instruktion v. 26. Mai 1869 (BGB. 1869 S. 149) und revidirte Instruktion v. 9. Juni 1873 (RGB. 1873 S. 147).

Vgl. GB. f. Elf.-Lothr. 1871 S. 407 und 1873 S. 170.

b) RG. v. 21. Mai 1878, betr. Zuwiderhandlungen gegen die zur Abwehr der Rinderpest erlassenen Vieheinfuhrverbote. (RGB. 1878 S. 95.)

c) RG. v. 25. Febr. 1876, betr. die Beseitigung von Ansteckungs- stoffen bei Viehbeförderungen auf Eisenbahnen. (RGB. 1876 S. 163.)

Dazu: Bekanntmachung des Reichskanzlers v. 6. Mai 1876 mit den Festsetzungen des Bundesrathes zur Ausführung des RG. v. 25. Febr. 1876. (RCBl. 1876 S. 251.)

2. RG. v. 23. Juni 1880, betr. die Abwehr und Unterdrückung von Viehseuchen. (RGB. 1880 S. 153 [1].)

Dazu: Bekanntmachung des Reichskanzlers v. 24. Febr. 1881 mit der Instr. zur Ausführung der §§ 19—29 des Gesetzes v. 23. Juli 1880, betr. die Abwehr und Unterdrückung von Vieh- seuchen. (RCBl. 1881 S. 86 ff.)

3. Reichs-Impfgesetz v. 8. April 1874 (RGB. 1874 S. 31).

4. RG. v. 14. Mai 1879, betr. den Verkehr mit Nahrungs- mitteln, Genußmitteln und Gebrauchsgegenständen. (RGB. 1879 S. 145.)

5. Bekanntmachungen des Reichskanzlers v. 1. Juni 1872 und v. 4. Juli 1873, betr. die Einführung der Pharmacopoea Germanica

---

[1]) Vgl. a) Preuß. G. v. 12. März 1881, betr. die Ausführung des Reichsgesetzes über die Abwehr und Unterdrückung von Vieh- seuchen (Preuß. GS. 1881 S. 128), b) G. v. 27. März 1881 für Elsaß-Lothringen zur Ausführung des Reichsgesetzes, betr. die Ab- wehr und Unterdrückung von Viehseuchen. (GB. f. Elf.-Lothr. 1881 S. 67).

an Stelle der in den einzelnen Bundesstaaten geltenden Phar-
makopöen (RGB. 1872 S. 172 und 1873 S. 200).
Vgl. RGB. 1873 S. 213.

In Elsaß-Lothringen ist die **Pharmacopoea Germanica**
eingeführt durch V. v. 5. Juli 1872. (GB. f. Elf.-Lothr. 1872
S. 471).

6. Vgl. Anm. 3b zum Art. 4 Nr. 1 der Reichsverf.

**16) die Bestimmungen über die Presse und das
Vereinswesen [1]).**

1. RG. über die Presse v. 7. Mai 1874 (RGB. 1874 S. 65. (Vgl.
v. Rönne's Staatsrecht des D. Reichs, 2. Aufl., Bd. I. § 17
S. 166 ff.).

2. a) RG. v. 21. Oft. 1878 gegen die gemeingefährlichen Bestrebungen
der Sozialdemokratie. (RGB. 1878 S. 351.)

b) RG. v. 31. Mai 1880, betr. die authentische Erklärung und die
Gültigkeitsdauer des Gesetzes gegen die gemeingefährlichen Be-
strebungen der Sozialdemokratie v. 21. Oft. 1878 (RGB. 1880
S. 117).

Dazu: Geschäftsregulativ v. 4. Nov. 1878 für die auf Grund
des Gesetzes v. 21. Oft. 1878 gebildete Reichskommission (RGBl.
1878 S. 601).

Artikel 5.

Die Reichsgesetzgebung wird ausgeübt durch den
Bundesrath und den Reichstag. Die Uebereinstimmung
der Mehrheitsbeschlüsse beider Versammlungen ist zu
einem Reichsgesetze erforderlich und ausreichend [2]).

[1]) Die Bestimmung der Nr. 16 fehlte in der Verf. des Nordd.
Bundes und findet sich zuerst in der mit den Großherzogthümern
Baden und Hessen vereinbarten Verf. des D. Bundes, v. 15. Nov.
1870 (BGB. 1870 S. 629).

Vgl. § 17 des Wahlgesetzes v. 31. Mai 1869 für den Reichstag
(BGB. 1869 S. 145).

[2]) In Betreff der Verfassungsänderungen vgl. Art. 78
der Reichsverfassung.

Bei Gesetzesvorschlägen über das Militairwesen, die Kriegsmarine und die im Artikel 35 bezeichneten Abgaben giebt, wenn im Bundesrathe eine Meinungsverschiedenheit stattfindet, die Stimme des Präsidiums den Ausschlag, wenn sie sich für die Aufrechthaltung der bestehenden Einrichtungen ausspricht [1]).

III. Bundesrath [2]).

Artikel 6.

Der Bundesrath besteht aus den Vertretern der Mitglieder des Bundes, unter welchen die Stimmführung sich in der Weise vertheilt, daß Preußen mit den ehemaligen Stimmen von

Hannover, Kurhessen, Holstein, Nassau und Frankfurt	17	Stimmen
führt, Bayern	6	„
Sachsen	4	„
Württemberg	4	„
Baden	3	„
Hessen	3	„
Mecklenburg-Schwerin . . .	2	„
Latus	39	Stimmen

---

[1]) Vgl. Art. 37 der Reichsverf. — Die Worte: „und die im Art. 35 bezeichneten Abgaben" fehlten in der Verf. des Nordd. Bundes und finden sich zuerst in der mit den Großherzogthümern Baden und Hessen vereinbarten Verf. des D. Bundes v. 15. Nov. 1870 Art. 5 (BGB. 1870 S. 629).

[2]) Vgl. v. Rönne's Staatsrecht des D. Reichs, 2. Aufl., Bd. I. §§ 21—24 S. 194 ff.

Transport 39 Stimmen

Sachsen-Weimar	1	„
Mecklenburg-Strelitz	1	„
Oldenburg	1	„
Braunschweig	2	„
Sachsen-Meiningen	1	„
Sachsen-Altenburg	1	„
Sachsen-Koburg-Gotha	1	„
Anhalt	1	„
Schwarzburg-Rudolstadt	1	„
Schwarzburg-Sondershausen	1	„
Waldeck	1	„
Reuß älterer Linie	1	„
Reuß jüngerer Linie	1	„
Schaumburg-Lippe	1	„
Lippe	1	„
Lübeck	1	„
Bremen	1	„
Hamburg	1	„

zusammen 58 Stimmen.

Jedes Mitglied des Bundes kann so viel Bevoll=
mächtigte zum Bundesrathe ernennen, wie es Stimmen
hat, doch kann die Gesammtheit der zuständigen Stimmen
nur einheitlich abgegeben werden.

Artikel 7.

Der Bundesrath beschließt:

1) über die dem Reichstage zu machenden Vorlagen
    und die von demselben gefaßten Beschlüsse;

2) über die zur Ausführung der Reichsgesetze er=
forderlichen allgemeinen Verwaltungsvorschriften
und Einrichtungen, sofern nicht durch Reichsgesetz
etwas Anderes bestimmt ist[1]);

3) über Mängel, welche bei der Ausführung der
Reichsgesetze oder der vorstehend erwähnten Vor=
schriften oder Einrichtungen hervortreten[2]).

Jedes Bundesglied ist befugt, Vorschläge zu machen
und in Vortrag zu bringen, und das Präsidium ist
verpflichtet, dieselben der Berathung zu übergeben.

Die Beschlußfassung erfolgt, vorbehaltlich der Be=
stimmungen in den Artikeln 5, 37 und 78, mit einfacher
Mehrheit. Nicht vertretene oder nicht instruirte Stimmen
werden nicht gezählt. Bei Stimmengleichheit giebt die
Präsidialstimme den Ausschlag.

Bei der Beschlußfassung über eine Angelegenheit,
welche nach den Bestimmungen dieser Verfassung nicht
dem ganzen Reiche gemeinschaftlich ist, werden die
Stimmen nur derjenigen Bundesstaaten gezählt, welchen
die Angelegenheit gemeinschaftlich ist.

Artikel 8.

Der Bundesrath bildet aus seiner Mitte dauernde
Ausschüsse

1) für das Landheer und die Festungen;

2) für das Seewesen;

---

[1]) Vgl. Art. 50, 53 u. 63 der Reichsverfassung.
[2]) Vgl. Art. 36 Abs. 3 der Reichsverfassung.

3) für Zoll= und Steuerwesen;

4) für Handel und Verkehr

5) für Eisenbahnen, Post und Telegraphen;

6) für Justizwesen;

7) für Rechnungswesen.

In jedem dieser Ausschüsse werden außer dem Prä=
sidium mindestens vier Bundesstaaten vertreten sein,
und führt innerhalb derselben jeder Staat nur Eine
Stimme. In dem Ausschuß für das Landheer und die
Festungen hat Bayern einen ständigen Sitz, die übrigen
Mitglieder desselben, sowie die Mitglieder des Aus=
schusses für das Seewesen werden vom Kaiser ernannt;
die Mitglieder der anderen Ausschüsse werden von dem
Bundesrathe gewählt. Die Zusammensetzung dieser Aus=
schüsse ist für jede Session des Bundesrathes resp. mit
jedem Jahre zu erneuern, wobei die ausscheidenden
Mitglieder wieder wählbar sind.

Außerdem wird im Bundesrathe aus den Bevoll=
mächtigten der Königreiche Bayern, Sachsen und Württem=
berg und zwei, vom Bundesrathe alljährlich zu wählenden
Bevollmächtigten anderer Bundesstaaten ein Ausschuß
für die auswärtigen Angelegenheiten gebildet, in welchem
Bayern den Vorsitz führt.

Den Ausschüssen werden die zu ihren Arbeiten nö=
thigen Beamten zur Verfügung gestellt.

Artikel 9.

Jedes Mitglied des Bundesrathes hat das Recht,
im Reichstage zu erscheinen und muß daselbst auf Ver=

langen jederzeit gehört werden, um die Ansichten seiner Regierung zu vertreten, auch dann, wenn dieselben von der Majorität des Bundesrathes nicht adoptirt worden sind. Niemand kann gleichzeitig Mitglied des Bundes=rathes und des Reichstages sein.

Artikel 10.

Dem Kaiser liegt es ob, den Mitgliedern des Bundes=rathes den üblichen diplomatischen Schutz zu gewähren.

IV. Präsidium [1]).

Artikel 11.

Das Präsidium des Bundes steht dem Könige von Preußen zu, welcher den Namen Deutscher Kaiser führt. Der Kaiser hat das Reich völkerrechtlich zu ver=treten, im Namen des Reichs Krieg zu erklären und Frieden zu schließen, Bündnisse und andere Verträge mit fremden Staaten einzugehen, Gesandte zu beglaubigen und zu empfangen.

1. Allerh. Erl. v. 3. Aug. 1871, betr. die Bezeichnung der Behörden und Beamten des Deutschen Reichs, sowie die Feststellung des Kaiserl. Wappens und der Kaiserlichen Standarte (RGB. 1871 S. 318), nebst Berichtigung (ebendas. S. 458).

Allerh. Erl. v. 16. März 1872, betr. den Gebrauch des Kaiserl. Adlers zur Bezeichnung von Waaren oder Etiketten (RGB.

---

[1]) Vgl. v. Rönne's Staatsrecht des D. Reichs, 2. Aufl., Bd. I. §§ 25—27 S. 223 ff.

1872 S. 90), nebst Bekanntmachung des Reichskanzlers v.
11. April 1872, betr. die Ausführung dieses Erlasses (RGB. 1872
S. 93).

2. Ueber die Vertretung der Reichsgesandten durch die Königlich
Bayerischen Gesandten in Verhinderungsfällen und die von
letzteren zu leistende Beihülfe vgl. Schlußprotokoll zu dem Vertrage v. 23. Nov. 1870, betr. den Beitritt Bayerns zur Verf.
des D. Bundes unter VII und VIII. (RGB. 1871 S. 23[1]).

Zur Erklärung des Krieges im Namen des Reichs
ist die Zustimmung des Bundesrathes erforderlich, es
sei denn, daß ein Angriff auf das Bundesgebiet oder
dessen Küsten erfolgt[2].

Insoweit die Verträge mit fremden Staaten sich
auf solche Gegenstände beziehen, welche nach Artikel 4 in
den Bereich der Reichsgesetzgebung gehören, ist zu ihrem
Abschluß die Zustimmung des Bundesrathes und zu
ihrer Gültigkeit die Genehmigung des Reichstages erforderlich.

Ueber die Zuziehung von Vertretern der einzelnen Bundes-
Staaten beim Abschluß von Post- und Telegraphenverträgen mit
außerdeutschen Staaten, und über das Recht der einzelnen Bundesstaaten zum Abschluß von Verträgen mit anderen Staaten über
das Post- und Telegraphenwesen, sofern sie lediglich den Grenzverkehr
betreffen, vgl. Schlußprot. zu dem Vertr. v. 23. Nov. 1870, betr.

---

[1]) Vgl. unten Anlage VII.
[2]) Diese Bestimmung des Art. 11 war in der Verf. des Nordd.
Bundes nicht enthalten, sondern findet sich zuerst in der mit den
Großherzogthümern Baden und Hessen vereinbarten Verf. des D.
Bundes v. 15. Nov. 1870 (BGB. 1870 S. 682). Ueber das Recht des
Kaisers zur Anordnung der Kriegsbereitschaft vgl. Art. 63 Abs. 4
der Reichsverf.

den Beitritt Bayerns zur Verf. des D. Bundes (BGB. 1871 S. 23) unter XI [1]).

Artikel 12.

Dem Kaiser steht es zu, den Bundesrath und den Reichstag zu berufen, zu eröffnen, zu vertagen und zu schließen.

Artikel 13.

Die Berufung des Bundesrathes und des Reichstages findet alljährlich statt und kann der Bundesrath zur Vorbereitung der Arbeiten ohne den Reichstag, letzterer aber nicht ohne den Bundesrath berufen werden.

Artikel 14.

Die Berufung des Bundesrathes muß erfolgen, sobald sie von einem Drittel der Stimmenzahl verlangt wird.

Artikel 15.

Der Vorsitz im Bundesrathe und die Leitung der Geschäfte steht dem Reichskanzler zu, welcher vom Kaiser zu ernennen ist [2]).

Der Reichskanzler kann sich durch jedes andere

---

[1]) Vgl. unten Anlage VII.

[2]) Vgl. Allerh. Erl. v. 14. Juli 1867, betr. die Ernennung des Präsidenten des Staatsministeriums und Ministers der auswärtigen Angelegenheiten Grafen von Bismarck-Schönhausen zum Bundeskanzler des Norbb. Bundes (BGB. 1867 S. 23).

Mitglied des Bundesrathes vermöge schriftlicher Sub=
stitution vertreten lassen.

Ueber das Recht der Bayerischen Regierung, durch ihren Ver=
treter im Falle der Verhinderung Preußens den Vorsitz im Bundes=
rathe zu führen, vgl. Schlußprot. zu dem Vertr. v. 23. Nov. 1870,
betr. den Beitritt Bayerns zur Verf. des D. Bundes (BGB. 1871
S. 23) unter IX [1]).

Artikel 16.

Die erforderlichen Vorlagen werden nach Maßgabe
der Beschlüsse des Bundesrathes im Namen des Kaisers
an den Reichstag gebracht, wo sie durch Mitglieder des
Bundesrathes oder durch besondere von letzterem zu er=
nennende Kommissarien vertreten werden.

Artikel 17.

Dem Kaiser steht die Ausfertigung und Verkün=
digung [2]) der Reichsgesetze und die Ueberwachung der
Ausführung derselben zu [3]). Die Anordnungen und
Verfügungen des Kaisers werden im Namen des Reichs
erlassen und bedürfen zu ihrer Gültigkeit der Gegen=
zeichnung des Reichskanzlers, welcher dadurch die Ver=
antwortlichkeit übernimmt.

RG. v. 17. März 1878, betr. die Stellvertretung des Reichs=
kanzlers (RGB. 1878 S. 7).

Wir Wilhelm, von Gottes Gnaden Deutscher Kaiser, König

---

[1]) Vgl. unten Anlage VII.

[2]) Vgl. Anm. 3 zum Art. 2 der Reichsverfassung.

[3]) Vgl. Art. 36 Abs. 2, Art. 50 u. 56 Abs. 1, Art. 63 der Reichs=
verfassung.

von Preußen xc., verordnen im Namen des Reichs, nach erfolgter Zustimmung des Bundesraths und des Reichstags, was folgt:

§ 1. Die zur Gültigkeit der Anordnungen und Verfügungen des Kaisers erforderliche Gegenzeichnung des Reichskanzlers, sowie die sonstigen demselben durch die Verfassung und die Gesetze des Reichs übertragenen Obliegenheiten können nach Maßgabe der folgenden Bestimmungen durch Stellvertreter wahrgenommen werden, welche der Kaiser auf Antrag des Reichskanzlers in Fällen der Behinderung desselben ernennt.

§ 2. Es kann ein Stellvertreter allgemein für den gesammten Umfang der Geschäfte und Obliegenheiten des Reichskanzlers ernannt werden. Auch können für diejenigen einzelnen Amtszweige, welche sich in der eigenen und unmittelbaren Verwaltung des Reichs befinden, die Vorstände der dem Reichskanzler untergeordneten obersten Reichsbehörden mit der Stellvertretung desselben im ganzen Umfang oder in einzelnen Theilen ihres Geschäftskreises beauftragt werden.

§ 3. Dem Reichskanzler ist vorbehalten, jede Amtshandlung auch während der Dauer einer Stellvertretung selbst vorzunehmen.

§ 4. Die Bestimmung des Artikel 15 der Reichsverfassung wird durch dieses Gesetz nicht berührt.

Urkundlich unter Unserer Höchsteigenhändigen Unterschrift und beigedrucktem Kaiserlichen Insiegel.

Gegeben Berlin, den 17. März 1878.

(L. S.)   Wilhelm.

Fürst v. Bismarck.

Artikel 18.

Der Kaiser ernennt die Reichsbeamten, läßt dieselben für das Reich vereidigen und verfügt erforderlichen Falles deren Entlassung [1]).

---

[1]) Die nach Maßgabe der Verfassung und der Gesetze des D. Reichs vom Kaiser ernannten Behörden und Beamten sind als Kaiserliche zu bezeichnen. (Allerh. Erlaß v. 3. Aug. 1871 Ziffer 1, RGB. 1871 S. 318).

v. Rönne, Reichsverfassung. 4. Aufl.   **5**

Den zu einem Reichsamte berufenen Beamten eines Bundesstaates stehen, sofern nicht vor ihrem Eintritt in den Reichsdienst im Wege der Reichsgesetzgebung etwas Anderes bestimmt ist, dem Reiche gegenüber diejenigen Rechte zu, welche ihnen in ihrem Heimathslande aus ihrer dienstlichen Stellung zugestanden hatten.

I. Die Reichsbehörden.

1. Vgl. die Darstellung des Systems der Reichsbehörden in Zorn's Staatsrecht des D. Reiches, Bd. I. S. 211 ff. und Handbuch für das Deutsche Reich.

2. Die Centralverwaltungsstellen (in unmittelbarer Unterordnung unter den Reichskanzler).

a) Reichsamt des Innern (früher Reichskanzleramt).

α) Allerh. Präsidial-Erl. v. 12. Aug. 1867, betr. die Errichtung des Bundeskanzleramtes. (BGB. 1867 S. 29).

β) Allerh. Erl. v. 12. Mai 1871, betr. die Abänderung der bisherigen Bezeichnung „Bundeskanzleramt" in „Reichskanzleramt". (RGB. 1871 S. 102).

γ) Allerh. Erl. v. 24. Dez. 1879, betr. die Benennung des Reichskanzleramts [Reichsamt des Innern] und den Titel des Vorstandes [Staatssekretär des Innern] dieser Behörde. (RGB. 1879 S. 321).

b) Auswärtiges Amt.

Vgl. Zorn a. a. O. S. 213.

c) Admiralität.

Vgl. Zorn a. a. O. S. 214 und Anm. zum Art. 53 der Reichsverfassung.

d) Reichspostamt (vgl. Zorn a. a. O. S. 215).

α) Allerh. Präsidial-Erl. v. 18. Dez. 1867, betr. die Verwaltung des Post- und Telegraphenwesens des Norbb. Bundes. (BGB. 1867 S. 328).

β) V. v. 22. Dez. 1875, betr. die Verwaltung des Post- und Telegraphenwesens. (RGB. 1875 S. 379).

[Vereinigung des Generalpostamtes und des General-

telegraphenamtes, und Trennung derselben von dem Reichs-
kanzleramte.]

γ) Allerh. Erl. v. 23. Febr. 1880, betr. die Benennung der
obersten Reichsbehörde für die dem Reffort des Generalpostmeisters zugewiesenen Verwaltungszweige. (RGB. 1880
S. 25).

  [Benennung der Behörde: „Reichspostamt" und des
  Generalpostmeisters: „Staatssekretär".]

δ) Ueber die Aufhebung einiger Oberpostdirektionen, die Einrichtung neuer Oberpostdirektionen und die anderweitige Abgrenzung des Bezirksumfanges einiger Oberpostdirektionen
vgl. die Uebersicht in dem Hauptsachregister zum Bundes-,
bezw. R.-Gesetz-Bl. von 1867—1876 S. 156 und RGB. 1880
s. v.: „Ober-Post-Direktionen".

e) Reichsjustizamt.
  Vgl. Zorn a. a. O. S. 215 ff.

f) Reichsamt für die Verwaltung der Reichseisenbahnen (vgl. Zorn
a. a. O. S. 216).

  α) Allerh. Erl. v. 9. Dez. 1871, betr. die Errichtung einer Be-
  hörde unter dem Namen „Kaiserl. Generaldirektion der
  Eisenbahnen in Elsaß-Lothringen". (RGB. 1871 S. 480,
  GB. f. Els.-Lothr. 1872 S. 4).

  β) Allerh. Erl. v. 27. Mai 1878, betr. die Errichtung des
  Reichsamtes für die Verwaltung der Reichsbahnen. (RGB.
  1879 S. 193.)

g) Reichseisenbahnamt (vgl. Zorn a. a. O. S. 216).
  RG. v. 27. Juni 1873, betr. die Einsetzung eines Reichseisenbahnamtes. (RGB. 1873 S. 164).

  Bekanntmachung des Reichskanzlers v. 13. März 1876 mit
  dem Regulativ des Bundesrathes zur Ordnung des Geschäftsganges bei dem durch Richter verstärkten Reichseisenbahnamte.
  (RGBl. 1876 S. 197).

h) Reichsschatzamt (vgl. Zorn a. a. O. S. 217).
  Allerh. Erl. v. 14. Juli 1879, betr. die Errichtung des
  Reichsschatzamtes. (RGB. 1879 S. 196).
  Von dem Reichsschatzamte reffortirt die „Reichshauptkasse".

Bekanntmachung des Reichskanzlers v. 21. Jan. 1868, betr. die Wahrnehmung der Centralkassengeschäfte des Nordd. Bundes (BGB. 1868 S. 1), Bekanntmachung des Reichskanzlers v. 1. Juni 1871, betr. die Reichshauptkasse (RGB. 1871 S. 126), und Bekanntmachung des Reichskanzlers v. 29. Dez. 1875 (RCBl. 1875 S. 821).

i) Reichsbankdirektorium (vgl. Zorn a. a. O. S. 217).

Bankgesetz v. 14. März 1875 §§ 26—28. (RGB. 1875 S. 184).

8. Die selbstständigen Finanzbehörden des Reichs.

a) Rechnungshof des Deutschen Reichs[1]). (Vgl. Zorn a. a. O. S. 218.)

[Königlich Preußische Oberrechnungskammer als Rechnungshof des Deutschen Reichs.]

BG. v. 4. Juli 1868, betr. die Kontrole des Bundeshaushalts für die Jahre 1867—1869. (BGB. 1868 S. 433).

BG. v. 11. März 1870, betr. die Kontrole des Bundeshaushalts für das Jahr 1870. (BGB. 1870 S. 47).

RG. v. 28. Okt. 1871, betr. die Kontrole des Reichshaushalts für das Jahr 1871. (RGB. 1871 S. 344).

RG. v. 5. Juli 1872, betr. die Kontrole des Reichshaushalts für das Jahr 1872. (RGB. 1872 S. 265).

RG. v. 22. Juni 1873, betr. die Kontrole des Reichshaushalts für das Jahr 1873. (RGB. 1873 S. 145.)

RG. v. 11. Febr. 1875, betr. die Kontrole des Reichshaushalts und des Landeshaushalts von Elsaß-Lothringen für das Jahr 1874. (RGB. 1875 S. 61).

RG. v. 14. Febr. 1876, betr. die Kontrole des Reichshaushalts und des Landeshaushalts von Elsaß-Lothringen für das Jahr 1875. (RGB. 1876 S. 19).

RG. v. 22. Mai 1877, betr. die Kontrole des Reichshaus-

---

[1]) Vgl. die Instr. des Reichskanzlers für den Rechnungshof des D. Reichs v. 5. März 1875 (RCBl. 1875 S. 157) nebst Bekanntmachung des Reichskanzlers v. 7. April 1877, betr. die Abänderung der §§ 4 u. 5 dieser Instr. (RCBl. 1877 S. 182).

halts für die Rechnungsperiode vom 1. Juni 1876 bis Ende
März 1877 und des Landeshaushalts von Elsaß-Lothringen
für das Jahr 1876. (RGB. 1877 S. 499).

RG. v. 1. Juni 1878, betr. die Kontrole des Reichshaushalts
für das Etatsjahr 1877/78 und des Landeshaushalts von
Elsaß-Lothringen für das Jahr 1877. (RGB. 1878 S. 97).

RG. v. 5. Juli 1879, betr. die Kontrole des Reichshaushalts
für das Etatsjahr 1878/79 und des Landeshaushalts von
Elsaß-Lothringen für die Rechnungsperiode vom $\frac{\text{1. Jan. 1878.}}{\text{31. März 1879.}}$
(RGB. 1879 S. 173).

RG. v. 30. Mai 1880, betr. die Kontrole des Reichshaushalts und des Landeshaushalts von Elsaß-Lothringen für das
Etatsjahr 1879/80. (RGB. 1880 S. 119).

RG. v. 1. Juni 1881, betr. die Kontrole des Reichshaushalts
und des Landeshaushalts von Elsaß-Lothringen für das Etatsjahr 1880/81. (RGB. 1881 S. 100).

RG. v. 4. Jan. 1882, betr. die Kontrole des Reichshaushalts
und des Landeshaushalts von Elsaß-Lothringen für das Etatsjahr 1881/82. (R.G.B. 1882 S. 1).

b) Reichsbankkuratorium und Reichsbankkommissäre (vgl. Born a.
a. O. S. 219).

Bankgesetz v. 14. März 1875 §§ 26 und 36. (RGB. 1875
S. 184. 187).

c) Reichsschuldenverwaltung und Reichsschuldenkommission (vgl.
Born a. a. O. S. 219).

[Königlich Preußische Hauptverwaltung der Staatsschulden
als Reichsschuldenkommission.]

BG. v. 19. Juni 1868, betr. die Verwaltung der nach Maßgabe des Gesetzes v. 9. Nov. 1867 aufzunehmenden Bundes-
anleihe[1]). (BGB. 1868 S. 339).

----

[1]) Die später (seit dem Jahre 1870) erlassenen Anleihegesetze
haben stets vorgeschrieben, daß auch die Verwaltung dieser Anleihen
der Reichsschuldenverwaltung unter der Aufsicht der Reichsschuldenkommission zu übertragen. Bezüglich der außerdem derselben über-

d) Verwaltung des Reichsinvalidenfonds (vgl. Zorn a. a. O. S. 220).

    Vgl. Note 2 zum Art. 61 der Reichsverfassung.

3. Richterbehörden des Reiches (vgl. Zorn a. a. O. S. 220—224).

a) Civil- und Strafgerichtsbarkeit.

    α) Das Reichsgericht in Leipzig.

        Vgl. Gerichtsverf.-Ges. v. 27. Jan. 1877 §§ 125—141 (RGB. 1877 S. 415) und RG. v. 11. April 1877 über den Sitz des Reichsgerichts. (RGB. 1877 S. 415 [1]).

    β) Die Reichskonsulargerichte.

        RG. v. 10. Juli 1879 über die Konsulargerichtsbarkeit. (RGB. 1879 S. 197).

        Vgl. die Noten zum Art. 56 der Reichsverfassung.

b) Die Disziplinargerichte.

    Vgl. RG. v. 31. März 1873, betr. die Rechtsverhältnisse der Reichsbeamten, §§ 86 ff. (RGB. 1873 S. 77).

    Regulativ (des Bundesrathes) für die Geschäftsordnung bei den Disziplinargerichten (RCBl. 1873 S. 390) und Geschäftsordnung des Bundesrathes (v. 18. April 1880) für die Disziplinarbehörden. (RCBl. 1880 S. 203).

c) Die Verwaltungsgerichte.

    α) Das Bundesamt für Heimathswesen.

        BG. v. 6. Juni 1870 über den Unterstützungswohnsitz, §§ 42 ff. (BGB. 1870 S. 368 ff.).

        Bekanntmachung des Reichskanzlers v. 6. Jan. 1873 mit dem Regulativ zur Ordnung des Geschäftsganges bei dem Bundesamte für das Heimathswesen. (RCBl. 1873 S. 4).

    β) Das verstärkte Reichseisenbahnamt.

---

wiesenen Kontrolgeschäfte vgl. v. Rönne's Staatsrecht des D. Reiches, 2. Aufl., Bd. I. § 43 S. 312.

[1] a. Vgl. Bekanntmachung des Reichskanzlers v. 8. April 1880 mit der Geschäftsordnung des Reichsgerichts (RGB. 1880 S. 190). b. Dienstanweisung des Reichskanzlers v. 8. Juli 1879, betr. die Einziehung und Verrechnung der für die Geschäfte des Reichsgerichts in Ansatz kommenden Kosten. (RCBl. 1880 S. 473).

RG. v. 27. Juni 1873, betr. die Errichtung eines Reichseisenbahnamtes, § 5 Ziffer 4. (RGB. 1873 S. 165).

Bekanntmachung des Reichskanzlers v. 13. März 1876
mit dem Regulativ zur Ordnung des Geschäftsganges bei
dem durch Richter verstärkten Reichseisenbahnamte. (RCBl.
1876 S. 197.)

γ) Das Reichspatentamt.

Patentgesetz v. 25. Mai 1877 §§ 13 ff. (RGB. 1877 S. 501)
und B. v. 18. Juni 1877, betr. die Einrichtung, das Verfahren
und den Geschäftsgang des Patentamtes. (RGB. 1877
S. 533 ff.).

δ) Das Reichsoberseeamt.

RG. v. 27. Juli 1877, betr. die Untersuchung von Seeunfällen, §§ 29 ff. (RGB. 1877 S. 555 ff.).

Geschäftsordnung für das Oberseeamt v. 3. Mai 1878
(RCBl. 1878 S. 276) und Nachtrag dazu v. 10. Mai 1879
(RCBl. 1879 S. 371).

ε) Die Reichsrayonkommission.

RG. v. 21. Dez. 1871, betr. die Beschränkungen des Grundeigenthums in der Umgebung von Festungen, §§ 11, 14, 23,
30, 31. (RGB. 1871 S. 459).

II. Die Reichsbeamten.

1 a) RG. v. 31. März 1873, betr. die Rechtsverhältnisse der Reichsbeamten. (RGB. 1873 S. 61).

b) G. v. 23. Dez. 1873, betr. die Rechtsverhältnisse der Beamten
und Lehrer (in Els.-Lothr.[1]). (GB. f. Els.-Lothr. 1873 S. 479).

c) Zum Reichsbeamten-Gesetz v. 31. März 1873.

α) Zum § 3 (betr. die eidliche Verpflichtung der Reichsbeamten).

B v. 3. Dez. 1867, betr. den Diensteid der unmittelbaren
Bundesbeamten. (BGB. 1867 S. 327).

B. v. 29. Juni 1871, betr. den Diensteid der unmittelbaren Reichsbeamten. (RGB. 1871 S. 303).

Vgl. Art. 50 Abs. 3 und Art. 53 Abs. 1 der Reichsverfassung, und bezüglich der Reichskonsuln § 4 des Gesetzes

_____

[1] Durch dieses G. ist das Reichsgesetz v. 31. März 1873 mit
einigen Modifikationen in Elsaß-Lothringen eingeführt worden.

v. 8. Nov. 1867, betr. die Organisation der Reichskonsulate. (BGB. 1867 S. 138).

In Betreff der Staatsbeamten in Elsaß-Lothringen vgl. G. v. 20. Sept. 1871, betr. die Vereidigung der Staatsbeamten. (GB. f. Elf.-Lothr. 1871 S. 339).

β) Zu den §§ 7, 8, 31, 69. (Fürsorge für die Wittwen und Waisen der Reichsbeamten).

RG. v. 20. April 1881, betr. die Fürsorge für die Wittwen und Waisen der Reichsbeamten der Civilverwaltung. (RGB. 1881 S. 85).

V. v. 8. Juni 1881, betr. die Fürsorge für die Wittwen und Waisen der Reichsbankbeamten. (RGB. 1881 S. 117).

Dazu: Ausführungserlaffe des Reichskanzlers v. 25. und 30. Mai 1881. (RCBl. 1881 S. 183 u. 232).

γ) Zum § 14 (betr. Urlaub und Stellvertretung der Reichsbeamten).

V. v. 2. Nov. 1874 über den Urlaub der Reichsbeamten und deren Stellvertretung. (RGB. 1874 S. 129).

V. v. 23. April 1879, betr. den Urlaub der gesandtschaftlichen und Konsularbeamten und deren Stellvertretung. (RGB. 1879 S. 134).

δ) Zum § 17 (betr. Titel, Rang und Uniform der Reichsbeamten).

Allerh. Erl. v. 1. April 1871, betr. das Rangverhältniß der Posträthe und Ober-Posträthe. (RGB. 1871 S. 108).

Allerh. Erl. v. 27. Dez. 1871, betr. den Rang der Telegraphen-Direktoren. (RGB. 1872 S. 7).

Allerh. Erl. v. 17. Juli 1876, betr. die Amtsbezeichnung „Telegraphendirektor" und „Telegrapheninspektor". (RGB. 1876 S. 186).

V. v. 1. Dez. 1879, betr. die Titel der gerichtlichen Beamten in Elsaß-Lothringen. (GB. f. Elf.-Lothr. 1879 S. 100).

ε) Zu § 18 (betr. Tagegelder und Fuhrkosten, desgl. Umzugskosten der Reichsbeamten).

V. v. 21. Juni 1875, betr. die Tagegelder, die Fuhrkosten

und die Umzugskosten der Reichsbeamten. (RGB. 1875 S. 249).

B. v. 5. Juli 1875, betr. die Tagegelder, Fuhr= und Um= zugskosten von Beamten der Reichseisenbahnverwaltung und der Postverwaltung. (RGB. 1875 S. 253).

B. v. 29. Juni 1877, betr. die Tagegelder und Fuhrkosten von Beamten der Reichs=Post= und Telegraphenverwaltung. (RGB. 1877 S. 545).

B. v. 23. April 1879, betr. die Tagegelder, die Fuhr= kosten und die Umzugskosten der gesandtschaftlichen und der Konsularbeamten. (RGB. 1879 S. 127).

Dazu: B. v. 7. Febr. 1871, wegen Abänderung der B. v. 23. April 1879 (RGB. 1881 S. 27) und B. v. 24. Mai 1881, betr. die Umzugskosten des Personals des Marine= lazareths zu Yokohama bei Versetzungen aus dem Inlande dorthin, beziehungsweise bei Rückversetzungen nach dem Inlande. (RGB. 1881 S. 101).

B. v. 19. Nov. 1879, betr. die Abänderung beziehungs= weise Ergänzung der Bestimmungen über die Tagegelder, Fuhrkosten und Umzugskosten der Reichsbeamten. (RGB. 1879 S. 313).

B. v. 20. Mai 1880, betr. nähere Festsetzungen über die Gewährung von Tagegeldern, Fuhrkosten und Umzugskosten an die Beamten der Militär= und Marineverwaltung. (RGB. 1880 S. 113).

B. v. 25. Okt. 1870, betr. die Tagegelder, Fuhrkosten und Umzugskosten der Beamten und Lehrer (in Elsaß=Lothringen). (GB. f. Elf.=Lothr. 1880 S. 136).

B. des Reichskanzlers v. 9. April 1881, betr. die G---- =sätze bezüglich der Ausführung von Dienstreisen und Bescheinigung der Reisekostenliquidationen i-- Civilverwaltung des Reiches. (RCBl. 1881 S-

ζ) Zu den §§ 87 und 88 (Disziplinarkammer---

B. v. 11. Juli 1873, betr. die Abgr-- 87), aufgehoben der Disziplinarkammern. (RGB. 1873

V. v. 7. Januar 1874, betr. die Errichtung einer Diszi=
plinarkammer in Straßburg im Elsaß. (RGB. 1874 S. 3).

RG. v. 5. Nov. 1874, betr. die Disziplinarkammer für
die Beamten der Reichs-Eisenbahnverwaltung, welche im
Auslande ihren dienstlichen Wohnsitz haben. (RGB. 1874
S. 128).

η) Zum § 159. (Ausführungsverordnungen).

V. v. 23. Nov. 1874, betr. die Zuständigkeit der Reichs=
behörden zur Ausführung des Gesetzes v. 31. März 1873
und die Anstellung der Reichsbeamten. (RGB. 1874 S. 135).

V. v. 19. Dez. 1875, betr. die Anstellung der Beamten
und die Zuständigkeit zur Ausführung des Gesetzes v.
31. März 1873 bei der Verwaltung der Reichsbank. (RGB.
1875 S. 378).

2. RG. v. 30. Juni 1873, betr. die Bewilligung von Wohnungs=
geldzuschüssen an die Offiziere und Aerzte des Reichsheeres und
der Kaiserlichen Marine, sowie an die Reichsbeamten. (RGB.
1873 S. 166).

Dazu:

a) V. v. 30. Juni 1873, betr. die Klassifikation der Reichs=
beamten nach Maßgabe des Tarifs zu dem G. v. 30. Juni
1873 über die Bewilligung von Wohnungsgeldzuschüssen ꝛc.
(RGB. 1873 S. 169).

b) V. v. 3. Febr. 1874, betr. die Ergänzung der Klassifi=
kationen der Reichsbeamten nach Maßgabe des Tarifs zu
dem G. v. 30. Juni 1873 über die Bewilligung von
Wohnungsgeldzuschüssen. (RGB. 1874 S. 13).

3. BG. v. 2. Juni 1869, betr. die Kautionen der Bundesbeamten
(BGB. 1869 S. 161). Auch gültig für Baden und Südhessen,
zuf. Art. 80 unter I. 14 der mit Baden und Hessen verein=
t. Verf. (BGB. 1870 S. 647), für Württemberg, zuf.
V.Nr. 6 des Vertr. v. 25. Nov. 1870 (BGB. 1870 S. 656),
amten Bayern, zuf. § 2 unter I. 7 des RG. v. 22. April
1871 S. 88).

ε) Zu § 13
kosten der
V. v. 21. Juni 1869, betr. die Kautionen der bei den Ver=

waltungen der Post, der Telegraphen und des Eichungs-
wesens angestellten Beamten (BGB. 1869 S. 285), B. v.
14. Juli 1871, betr. die Aenderung einiger in der B. v.
29. Juni 1869 über die Kautionen der Postbeamten enthaltenen Bestimmungen (RGB. 1871 S. 316), B. v. 12. Juli
1873, betr. die Beschaffung der Kautionen der Post= und
Telegraphenbeamten (RGB. 1873 S. 298), B. v. 3. April
1876, betr. die Kautionen der Telegraphenbeamten (RGB.
1876 S. 161) und B. v. 6. April 1881, betr. die anderweite
Festsetzung der Kaution der Postagenten (RGB. 1881
S. 91).

b) B. v. 16. Aug. 1876, betr. die Kautionen der bei der Mili-
tär= und Marineverwaltung angestellten Beamten. (RGB.
1876 S. 179 [1]).

Dazu:

α) B. v. 4. März 1879 wegen Ergänzung, bezw. Abänderung der B. v. 16. Aug. 1876. (RGB. 1879 S. 13).

β) B. v. 10. Mai 1881, betr. die Festsetzung der Kautionen
des Lootsenkommandeurs an der Jade und der Sekre-
tariats=Assistenten bei dem Lootsenkommando dortselbst.
(RGB. 1881 S. 95).

c) B. v. 27. Febr. 1872, betr. die Kautionen der bei der Verwaltung der Reichseisenbahnen in Elsaß-Lothringen angestellten Beamten. (RGB. 1872 S. 59, GB. f. Els=Lothr. 1872
S. 154).

d) B. v. 6. Juli 1874, betr. die Kautionen der bei dem Auswärtigen Amte, bei der Verwaltung der Reichsinvaliden-

---

[1]) Durch den § 9 dieser B. sind folgende frühere Verordnungen:
a. B. v. 5. Juli 1871, betr. die Kautionen der bei der Militär= und
Marineverwaltung angestellten Beamten (RGB. 1871 S. 308), b. B.
v. 14. Dez. 1872, betr. die Aufbringung von Kautionserhöhungen
(RGB. 1872 S. 434) und v. B. v. 14 Jan. 1873, betr. die Beschaffung der Kautionen derjenigen Militärbeamten, welche bei den Feld-
verwaltungen angestellt werden (RGB. 1873 S. 87), aufgehoben
worden.

fonds und im Büreau des Reichstags angestellten Beamten. (RGB. 1874 S. 109).

e) V. v. 23. Dez. 1875, betr. die Pensionen und Kautionen der Reichsbankbeamten (RGB. 1875 S. 380), und V. v. 31. März 1880 wegen Ergänzung und Abänderung der V. v. 23. Dez. 1875. (RGB. 1880 S. 97).

f) V. v. 20. Juni 1879 über die Kaution des Rendanten der Patentamtskasse. (RGB. 1879 S. 160).

g) V. v. 2. Febr. 1881, betr. die Kaution des Rendanten der Büreaukasse bei dem Reichsamte des Innern. (RGB. 1881 S. 3).

h) Das G. v. 2. Juni 1869 (mit den zu demselben erlassenen Verordnungen) ist in Elsaß-Lothringen eingeführt durch das G. v. 11. Dez. 1871. (GB. f. Els.-Lothr. 1871 S. 386).

Vgl. in Betreff der Landesbeamten in Elsaß-Lothringen: G. v. 15. Okt. 1873, betr. die Kautionen der Beamten des Staates, der Gemeinden und der öffentlichen Anstalten (GB. f. Els.-Lothr. 1873 S. 273), nebst V. v. 22. Okt. 1873, betr. die Amtskautionen (ebendas. S. 292), V. v. 12. Mai 1877, betr. die Amtskautionen der Uebergangssteuererheber, Ortseinnehmer, Nebenzollamts- und Steueramtsdiener (GB. f. Els.-Lothr. 1877 S. 26) und V. v. 2. Mai 1881, betr. die Amtskautionen (GB. f. Els.-Lothr. 1881 S. 81).

4. RG. v. 31. Mai 1881, betr. die Besteuerung der Dienst-wohnungen der Reichsbeamten. (RGB. 1881 S. 99).

5. RG. v. 20. Juni 1872, betr. die Verwendung des Ueberschusses aus der Verwaltung der Französischen Landesposten durch die Deutsche Reichspostverwaltung während des Krieges gegen Frankreich in den Jahren 1870 und 1871 (RGB. 1872 S. 210), und RG. v. 4. März 1876, betr. die Kaiser-Wilhelm-Stiftung für die Angehörigen der Deutschen Reichspostverwaltung (RGB. 1876 S. 122). Dazu: Allerh. Erl. v. 29. Aug. 1872, betr. die Kaiser-Wilhelm-Stiftung für die Angehörigen der Deutschen Reichspostverwaltung, nebst dem Statut. (RGB. 1872 S. 373).

III. Zu den einem Beamten zustehenden Rechten im Sinne des Art. 18 Abf. 2 der Reichsverfassung gehören diejenigen Rechte nicht, welche seinen Hinterbliebenen in Beziehung auf Pensionen oder Unterstützungen etwa zustehen.

Vgl. Protokoll v. 15. Nov. 1870, betr. die Vereinbarung zwischen dem Norbb. Bunde, Baden und Hessen über Gründung des Deutschen Bundes, zu Art. 18 der Reichsverfassung [1]) (BGB. 1870 S. 650), desgl. mit Württemberg v. 25. Nov. 1870 [2]) (BGB. 1870 S. 657).

Artikel 19.

Wenn Bundesglieder ihre verfassungsmäßigen Bundespflichten nicht erfüllen, können sie dazu im Wege der Exekution angehalten werden. Diese Exekution ist vom Bundesrathe zu beschließen und vom Kaiser zu vollstrecken [3]).

V. Reichstag [4]).

Artikel 20.

Der Reichstag geht aus allgemeinen und direkten Wahlen mit geheimer Abstimmung hervor.

---

[1]) Vgl. unten Anlage V.

[2]) Vgl. unten Anlage VI.

[3]) Der zweite Satz des Art. 19 lautete in der Verfassung des Norbb. Bundes (BGB. 1867 S. 8) dahin:

Diese Exekution ist a. in Betreff militairischer Leistungen, wenn Gefahr im Verzuge, von dem Bundesfeldherrn anzuordnen und zu vollziehen, b. in allen anderen Fällen aber von dem Bundesrathe zu beschließen und von dem Bundesfeldherrn zu vollstrecken. Die Exekution kann bis zur Sequestration des betreffenden Landes und seiner Regierungsgewalt ausgedehnt werden. In den unter a. bezeichneten Fällen ist dem Bundesrathe von Anordnung der Exekution, unter Darlegung der Beweggründe, ungesäumt Kenntniß zu geben.

[4]) a. Vgl. v. Rönne's Staatsrecht des D. Reichs, 2. Aufl., Bd. I

Bis zu der gesetzlichen Regelung, welche im §. 5. des Wahlgesetzes vom 31. Mai 1869 (Bundesgesetzbl. 1869. S. 145.). vorbehalten ist, werden in Bayern 48, in Württemberg 17, in Baden 14, in Hessen südlich des Main 6 Abgeordnete gewählt, und beträgt demnach die Gesammtzahl der Abgeordneten 382.

1. Bis zu der im Art. 20 der Reichsverfassung vorbehaltenen gesetzlichen Regelung werden in Elsaß-Lothringen 15 Abgeordnete zum Deutschen Reichstage gewählt. (RG. v. 25. Juni 1873, betr. die Einführung der Verfassung des Deutschen Reichs in Elsaß-Lothringen, § 3, RGB. 1873 S. 161, GB. f. Els.-Lothr. 1873 S. 131[1]).

Die Gesammtzahl der Abgeordneten beträgt demnach jetzt 397.

2. Wahlgesetz für den Reichstag des Norbb. Bundes v. 31. Mai 1869 (BGB. 1869 S. 145[2]).

Wir Wilhelm, von Gottes Gnaden König von Preußen ꝛc. verordnen im Namen des Norddeutschen Bundes, nach erfolgter Zustimmung des Bundesrathes und des Reichstages, was folgt:

§ 1. Wähler für den Reichstag des Norddeutschen Bundes ist jeder Norddeutsche, welcher das fünfundzwanzigste Lebensjahr zurückgelegt hat, in dem Bundesstaate, wo er seinen Wohnsitz hat.

§ 2. Für Personen des Soldatenstandes des Heeres und der

---

§§ 28—40 S. 287 ff. b. Bezüglich der Errichtung des Reichstagsgebäudes und der Kosten desselben vgl. § 1 Nr. 3 des RG. v. 8. Juli 1873 (RGB. 1873 S. 217).

[1]) Vgl. zum Art. 1 der Reichsverfassung, Zus. III, oben S. 19.

[2]) Das für den Reichstag des Norbb. Bundes ergangene Wahlgesetz v. 31. Mai 1869 ist zuf. der Bestimmung des Art. 80 Ziffer I. Nr. 13 der zwischen dem Norbb. Bunde und Baden und Hessen vereinbarten Verfassung des D. Bundes (BGB. 1870 S. 647), und zuf. des Art. 1 und des Art. 2 Ziffer 6 des Bündnißvertrages mit Württemberg v. 25. Nov. 1870 (BGB. 1870 S. 654), sowie zuf. der Bestimmung des Bündnißvertrages mit Bayern v. 23. Nov. 1870 Ziffer III. § 8 (BGB. 1871 S. 21) als Reichsgesetz in Kraft getreten.

Marine ruht die Berechtigung zum Wählen so lange, als dieselben sich bei der Fahne befinden.[1]

§ 3. Von der Berechtigung zum Wählen sind ausgeschlossen:

1) Personen, welche unter Vormundschaft oder Kuratel stehen;

2) Personen, über deren Vermögen Konkurs- oder Fallitzustand gerichtlich eröffnet worden ist und zwar während der Dauer dieses Konkurs- oder Fallit-Verfahrens;

3) Personen, welche eine Armenunterstützung aus öffentlichen oder Gemeinde-Mitteln beziehen, oder im letzten der Wahl vorhergegangenen Jahre bezogen haben;

4) Personen, denen in Folge rechtskräftigen Erkenntnisses der Vollgenuß der staatsbürgerlichen Rechte entzogen ist, für die Zeit der Entziehung, sofern sie nicht in diese Rechte wieder eingesetzt sind.

Ist der Vollgenuß der staatsbürgerlichen Rechte wegen politischer Vergehen oder Verbrechen entzogen, so tritt die Berechtigung zum Wählen wieder ein, sobald die außerdem erkannte Strafe vollstreckt, oder durch Begnadigung erlassen ist.

§ 4. Wählbar zum Abgeordneten ist im ganzen Bundesgebiete jeder Norddeutsche, welcher das fünfundzwanzigste Lebensjahr zurückgelegt und einem zum Bunde gehörigen Staate seit mindestens einem Jahre angehört hat, sofern er nicht durch die Bestimmungen in dem § 3. von der Berechtigung zum Wählen ausgeschlossen ist.

§ 5. In jedem Bundesstaate wird auf durchschnittlich 100,000 Seelen derjenigen Bevölkerungszahl, welche den Wahlen zum verfassunggebenden Reichstage zu Grunde gelegen hat, Ein Abgeordneter gewählt. Ein Ueberschuß von mindestens 50,000 Seelen der Ge-

---

[1] Das Reichsmilitärgesetz v. 2. Mai 1874 bestimmt im § 49 Abs. 1: „Für die zum aktiven Heere gehörigen Militärpersonen, mit Ausnahme der Militärbeamten, ruht die Berechtigung zum Wählen sowohl in Betreff der Reichsvertretung, als in Betreff der einzelnen Landesvertretungen. Eine Vereinigung der hiernach wahlberechtigt bleibenden Militärpersonen zu besonderen Militär-Wahlbezirken für die Wahl der auf indirektem Wahlrecht beruhenden Landesvertretungen darf nicht stattfinden.“

sammtbevölkerung eines Bundesstaates wird vollen 100,000 Seelen gleich gerechnet. In einem Bundesstaate, dessen Bevölkerung 100,000 Seelen nicht erreicht, wird Ein Abgeordneter gewählt.

Demnach beträgt die Zahl der Abgeordneten 297 und kommen auf Preußen 235, Sachsen 23, Hessen 3, Mecklenburg-Schwerin 6, Sachsen-Weimar 3, Mecklenburg-Strelitz 1, Oldenburg 3, Braunschweig 3, Sachsen-Meiningen 2, Sachsen-Altenburg 1, Sachsen-Koburg-Gotha 2, Anhalt 2, Schwarzburg-Rudolstadt 1, Schwarzburg-Sondershausen 1, Waldeck 1, Reuß ältere Linie 1, Reuß jüngere Linie 1, Schaumburg-Lippe 1, Lippe 1, Lauenburg 1, Lübeck 1, Bremen 1, Hamburg 3.

Eine Vermehrung der Zahl der Abgeordneten in Folge der steigenden Bevölkerung wird durch das Gesetz bestimmt.

§ 6. Jeder Abgeordnete wird in einem besonderen Wahlkreise gewählt.

Jeder Wahlkreis wird zum Zwecke der Stimmabgabe in kleinere Bezirke getheilt, welche möglichst mit den Ortsgemeinden zusammenfallen sollen, sofern nicht bei volkreichen Ortsgemeinden eine Unterabtheilung erforderlich wird.

Mit Ausschluß der Exklaven müssen die Wahlkreise, sowie die Wahlbezirke räumlich abgegrenzt und thunlichst abgerundet sein.

Ein Bundesgesetz wird die Abgrenzung der Wahlkreise bestimmen. Bis dahin sind die gegenwärtigen Wahlkreise beizubehalten, mit Ausnahme derjenigen, welche zur Zeit nicht örtlich abgegrenzt und zu einem räumlich zusammenhängenden Bezirke abgerundet sind. Diese müssen zum Zwecke der nächsten allgemeinen Wahlen gemäß der Vorschrift des dritten Absatzes gebildet werden.

§ 7. Wer das Wahlrecht in einem Wahlbezirke ausüben will, muß in demselben, oder, im Falle eine Gemeinde in mehrere Wahlbezirke getheilt ist, in einem derselben zur Zeit der Wahl seinen Wohnsitz haben.

Jeder darf nur an Einem Orte wählen.

§ 8. In jedem Bezirke sind zum Zwecke der Wahlen Listen anzulegen, in welche die zum Wählen Berechtigten nach Zu- und Vornamen, Alter, Gewerbe und Wohnort eingetragen werden.

Diefe Liften find fpäteftens vier Wochen vor dem zur Wahl be-
ftimmten Tage zu Jedermanns Einficht auszulegen, und ift dies
zuvor unter Hinweifung auf die Einfprachefrift öffentlich bekannt zu
machen. Einfprachen gegen die Liften find binnen acht Tagen nach
Beginn der Auslegung bei der Behörde, welche die Bekanntmachung
erlaffen hat, anzubringen und innerhalb der nächften vierzehn Tage
zu erledigen, worauf die Liften gefchloffen werden. Nur diejenigen
find zur Theilnahme an der Wahl berechtigt, welche in die Liften
aufgenommen find.

Bei einzelnen Neuwahlen, welche innerhalb Eines Jahres nach
der letzten allgemeinen Wahl ftattfinden, bedarf es einer neuen Auf-
ftellung und Auslegung der Wahllifte nicht.

§ 9. Die Wahlhandlung, fowie die Ermittelung des Wahlergebniffes, find öffentlich.

Die Funktionen der Vorfteher, Beifitzer und Protokollführer bei
der Wahlhandlung in den Wahlbezirken und der Beifitzer bei der
Ermittelung des Wahlergebniffes in den Wahlkreifen ift ein un-
entgeltliches Ehrenamt und kann nur von Perfonen ausgeübt werden,
welche kein unmittelbares Staatsamt bekleiden.

§ 10. Das Wahlrecht wird in Perfon durch verdeckte, in eine
Wahlurne niederzulegende Stimmzettel ohne Unterfchrift ausgeübt.

Die Stimmzettel müffen von weißem Papier und dürfen mit
keinem äußeren Kennzeichen verfehen fein.

§ 11. Die Stimmzettel find außerhalb des Wahllokals mit
dem Namen des Kandidaten, welchem der Wähler feine Stimme
geben will, handfchriftlich oder im Wege der Vervielfältigung zu
verfehen.

§ 12. Die Wahl ift direkt. Sie erfolgt durch abfolute Stimmenmehrheit aller in einem Wahlkreife abgegebenen Stimmen. Stellt
bei einer Wahl eine abfolute Stimmenmehrheit fich nicht heraus,
fo ift nur unter den zwei Kandidaten zu wählen, welche die meiften
Stimmen erhalten haben.

Bei Stimmengleichheit entfcheidet das Loos.

§ 13. Ueber die Gültigkeit oder Ungültigkeit der Wahlzettel
entfcheidet mit Vorbehalt der Prüfung des Reichstages allein der Vor-
ftand des Wahlbezirks nach Stimmenmehrheit feiner Mitglieder.

v. Rönne, Reichsverfaffung. 4. Aufl. 6

Die ungültigen Stimmzettel sind zum Zwecke der Prüfung durch den Reichstag dem Wahlprotokoll beizufügen. Die gültig befundenen bewahrt der Vorsteher der Wahlhandlung in dem Wahlbezirke so lange versiegelt, bis der Reichstag die Wahl definitiv gültig erklärt hat.

§ 14. Die allgemeinen Wahlen sind im ganzen Bundesgebiete an dem von dem Bundespräsidium bestimmten Tage vorzunehmen.

§ 15. Der Bundesrath ordnet das Wahlverfahren, soweit dasselbe nicht durch das gegenwärtige Gesetz festgestellt worden ist, durch ein einheitliches, für das ganze Bundesgebiet gültiges Wahlreglement [1]).

Dasselbe kann nur unter Zustimmung des Reichstages abgeändert werden.

§ 16. Die Kosten für die Druckformulare zu den Wahlprotokollen und für die Ermittelung des Wahlergebnisses in den Wahlkreisen werden von den Bundesstaaten, alle übrigen Kosten des Wahlverfahrens werden von den Gemeinden getragen.

§ 17. Die Wahlberechtigten haben das Recht, zum Betrieb der den Reichstag betreffenden Wahlangelegenheiten Vereine zu bilden und in geschlossenen Räumen unbewaffnet öffentliche Versammlungen zu veranstalten.

Die Bestimmungen der Landesgesetze über die Anzeige der Versammlungen und Vereine, sowie über die Ueberwachung derselben, bleiben unberührt.

---

[1]) Dieses Wahlreglement ist unterm 28. Mai 1870 (BGB. 1870 S. 275) ergangen. Vgl. dazu die Berichtigungen in BGB. 1870 S. 488, und die Bekanntm. v. 27. Febr. 1871 mit den Nachträgen zum Wahlregl. v. 28. Mai 1870 (BGB. 1871 S. 35 ff.) und v. 24. Jan. 1872, betr. eine Abänderung in Anl. D. des Wahlregl. v. 28. Mai 1870 (RGB. 1872 S. 38), sowie das RG. v. 20. Juni 1873, betr. die Abänderung der Reichstagswahlkreise 5 und 6 des Regierungsbezirks Oppeln im Königreiche Preußen (RGB. 1873 S. 144) und des RG. v. 25. Dez. 1876, betr. die Abänderung mehrerer Reichstagswahlkreise in Braunschweig, Hannover, Lauenburg und Westphalen (RGB. 1876 S. 275).

§ 18. Das gegenwärtige Gesetz tritt bei der ersten nach dessen Verkündigung stattfindenden Neuwahl des Reichstages in Kraft. Von dem nämlichen Zeitpunkte an verlieren alle bisherigen Wahlgesetze für den Reichstag nebst den dazu erlassenen Ausführungsgesetzen, Verordnungen und Reglements ihre Gültigkeit.

Urkundlich unter Unserer Höchsteigenhändigen Unterschrift und beigedrucktem Bundes-Insiegel.

Gegeben Schloß Babelsberg, den 31. Mai 1869.

(L. S.)   Wilhelm.

Gr. v. Bismarck-Schönhausen.

3. Zuf. § 6 des RG. v. 25. Juni 1873 (RGB. 1873 S. 161, GB. f. Elf.-Lothr. 1873 S. 131[1]) gilt das Wahl-G. v. 31. Mai 1869 auch für Elsaß-Lothringen[2]).

Dazu: Bekanntmachung des Reichskanzlers v. 1. Dez. 1873, betr. die Feststellung der Wahlkreise in Elsaß-Lothringen für die Wahlen zum Deutschen Reichstage. (RGB. 1873 S. 373, GB. f. Elf.-Lothr. 1873 S. 315).

4. Ueber die Bestrafung der Wahlfälschungen und des Kaufes oder Verkaufes von Wahlstimmen vgl. §§ 108 und 109 des Strafgesetzbuchs für das Deutsche Reich. (RGB. 1876 S. 61).

Artikel 21.

Beamte bedürfen keines Urlaubs zum Eintritt in den Reichstag.

Wenn ein Mitglied des Reichstages ein besoldetes Reichsamt oder in einem Bundesstaat ein besoldetes Staatsamt annimmt oder im Reichs- oder Staatsdienste

---

[1]) Vgl. Zuf. III. zum Art. 1 der Reichsverfassung, oben S. 19.

[2]) Auf Grund des § 15 des RG. v. 25. Juni 1873 und des § 15 des Wahlgesetzes v. 31. Mai 1869 ist das Wahlreglement v. 28. Mai 1870 auch für Elsaß-Lothringen publizirt (GB. f. Elf.-Lothr. 1873 S. 316) und durch einen Nachtrag v. 1. Dez. 1873 (RGB. 1873 S. 374, GB. f. Elf.-Lothr. 1873 S. 330) ergänzt worden.

in ein Amt eintritt, mit welchem ein höherer Rang oder ein höheres Gehalt verbunden ist, so verliert es Sitz und Stimme in dem Reichstag und kann seine Stelle in demselben nur durch neue Wahl wieder erlangen.

RG. v. 31. März 1873, betreffend die Rechtsverhältnisse der Reichsbeamten (RGB. 1873 S. 61) § 14 Abf. 2:

In Krankheitsfällen, sowie in solchen Abwesenheitsfällen, zu denen die Reichsbeamten eines Urlaubs nicht bedürfen (Reichs= verfaffung Art. 21), findet ein Abzug vom Gehalte nicht statt. Die Stellvertretungskosten fallen der Reichskaffe zur Laft.

Artikel 22.

Die Verhandlungen des Reichstages sind öffentlich.

Wahrheitsgetreue Berichte über Verhandlungen in den öffentlichen Sitzungen des Reichstages bleiben von jeder Verantwortlichkeit frei.

Vgl. Strafgefetzb. für das Deutsche Reich § 12 (RGB. 1876 S. 42).

Artikel 23.

Der Reichstag hat das Recht, innerhalb der Kom= petenz des Reichs Gesetze vorzuschlagen und an ihn ge= richtete Petitionen dem Bundesrathe resp. Reichskanzler zu überweisen.

Artikel 24.

Die Legislaturperiode des Reichstages dauert drei Jahre. Zur Auflösung des Reichstages während der= selben ist ein Beschluß des Bundesrathes unter Zu= stimmung des Kaisers erforderlich.

Durch das (transitorische) RG. v. 21. Juli 1870 (BGB. 1870 S. 493) ist die Legislaturperiode des am 31. Aug. 1867 gewählten

Reichstages des Nordd. Bundes für die Dauer des damaligen Krieges mit Frankreich, jedoch nicht über den 31. Dez. 1870 hinaus, verlängert worden.

Artikel 25.

Im Falle der Auflösung des Reichstages müssen innerhalb eines Zeitraumes von 60 Tagen nach derselben die Wähler und innerhalb eines Zeitraumes von 90 Tagen nach der Auflösung der Reichstag versammelt werden.

Artikel 26.

Ohne Zustimmung des Reichstages darf die Vertagung desselben die Frist von 30 Tagen nicht übersteigen und während derselben Session nicht wiederholt werden.

Artikel 27.

Der Reichstag prüft die Legitimation seiner Mitglieder und entscheidet darüber. Er regelt seinen Geschäftsgang und seine Disziplin durch eine Geschäfts-Ordnung [1]) und erwählt seinen Präsidenten, seine Vizepräsidenten und Schriftführer.

Artikel 28.

Der Reichstag beschließt nach absoluter Stimmenmehrheit. Zur Gültigkeit der Beschlußfassung ist die

---

[1]) Geschäftsordnung für den Reichstag des Nordd. Bundes v. 12. Juni 1868, mit Abänderungen v. 17. April und 12. Mai 1869, 12. März 1870, v. 22. Mai 1872 und 9. April 1874. (Berlin bei J. Sittenfeld.)

Anwesenheit der Mehrheit der gesetzlichen Anzahl der Mitglieder erforderlich.

Bei der Beschlußfassung über eine Angelegenheit, welche nach den Bestimmungen dieser Verfassung nicht dem ganzen Reiche gemeinschaftlich ist, werden die Stimmen nur derjenigen Mitglieder gezählt, die in Bundesstaaten gewählt sind, welchen die Angelegenheit gemeinschaftlich ist.

RG. v. 24. Febr. 1873, betr. die Abänderung des Art. 28 der Reichsverfassung. (RGB. 1873 S. 45).

Wir Wilhelm, von Gottes Gnaden Deutscher Kaiser, König von Preußen 2c. verordnen im Namen des Deutschen Reichs, nach erfolgter Zustimmung des Bundesrathes und des Reichstages, was folgt:

Einziger Artikel.

Der Absatz 2 des Artikels 28 der Reichsverfassung ist aufgehoben.

Urkundlich unter Unserer Höchsteigenhändigen Unterschrift und beigedrucktem Kaiserlichen Insiegel.

Gegeben Berlin, den 24. Februar 1873.

(L. S.)
Wilhelm.
Fürst v. Bismarck.

Artikel 29.

Die Mitglieder des Reichstages sind Vertreter des gesammten Volkes und an Aufträge und Instruktionen nicht gebunden.

Artikel 30.

Kein Mitglied des Reichstages darf zu irgend einer Zeit wegen seiner Abstimmung oder wegen der in Aus=übung seines Berufes gethanen Aeußerungen gerichtlich ober disziplinarisch verfolgt oder sonst außerhalb der Versammlung zur Verantwortung gezogen werden.

Vgl. Strafgesetzb. für das Deutsche Reich § 11. (RGB. 1870 S. 41).

Artikel 31.

Ohne Genehmigung des Reichstages kann kein Mitglied desselben während der Sitzungsperiode wegen einer mit Strafe bedrohten Handlung zur Untersuchung gezogen oder verhaftet werden, außer wenn es bei Ausübung der That oder im Laufe des nächstfolgenden Tages ergriffen wird.

Gleiche Genehmigung ist bei einer Verhaftung wegen Schulden erforderlich[1]).

Auf Verlangen des Reichstages wird jedes Strafverfahren gegen ein Mitglied desselben und jede Untersuchungs- oder Civilhaft für die Dauer der Sitzungsperiode aufgehoben.

Artikel 32.

Die Mitglieder des Reichstages dürfen als solche keine Besoldung oder Entschädigung beziehen.

VI. Zoll- und Handelswesen[2]).

Artikel 33.

Deutschland bildet ein Zoll- und Handelsgebiet, umgeben von gemeinschaftlicher Zollgrenze. Ausgeschlossen

---

[1]) Vgl. BG. v. 29. Mai 1868, betr. die Aufhebung der Schuldhaft. (BGB. 1868 S. 237).

[2]) Vgl. v. Rönne's Staatsrecht des D. Reiches, 2. Aufl., Bd. II. Abth. 1 § 92 S. 184 ff.

in ein Amt eintritt, mit welchem ein höherer Rang oder ein höheres Gehalt verbunden ist, so verliert es Sitz und Stimme in dem Reichstag und kann seine Stelle in demselben nur durch neue Wahl wieder erlangen.

RG. v. 31. März 1873, betreffend die Rechtsverhältnisse der Reichsbeamten (RGB. 1873 S. 61) § 14 Abs. 2:

In Krankheitsfällen, sowie in solchen Abwesenheitsfällen, zu denen die Reichsbeamten eines Urlaubs nicht bedürfen (Reichsverfassung Art. 21), findet ein Abzug vom Gehalte nicht statt. Die Stellvertretungskosten fallen der Reichskasse zur Last.

Artikel 22.

Die Verhandlungen des Reichstages sind öffentlich.

Wahrheitsgetreue Berichte über Verhandlungen in den öffentlichen Sitzungen des Reichstages bleiben von jeder Verantwortlichkeit frei.

Vgl. Strafgesetzb. für das Deutsche Reich § 12 (RGB. 1876 S. 42).

Artikel 23.

Der Reichstag hat das Recht, innerhalb der Kompetenz des Reichs Gesetze vorzuschlagen und an ihn gerichtete Petitionen dem Bundesrathe resp. Reichskanzler zu überweisen.

Artikel 24.

Die Legislaturperiode des Reichstages dauert drei Jahre. Zur Auflösung des Reichstages während derselben ist ein Beschluß des Bundesrathes unter Zustimmung des Kaisers erforderlich.

Durch das (transitorische) RG. v. 21. Juli 1870 (BGB. 1870 S. 498) ist die Legislaturperiode des am 31. Aug. 1867 gewählten

Reichstages des Norddeutschen Bundes für die Dauer des damaligen Krieges mit Frankreich, jedoch nicht über den 31. Dez. 1870 hinaus, verlängert worden.

Artikel 25.

Im Falle der Auflösung des Reichstages müssen innerhalb eines Zeitraumes von 60 Tagen nach derselben die Wähler und innerhalb eines Zeitraumes von 90 Tagen nach der Auflösung der Reichstag versammelt werden.

Artikel 26.

Ohne Zustimmung des Reichstages darf die Vertagung desselben die Frist von 30 Tagen nicht übersteigen und während derselben Session nicht wiederholt werden.

Artikel 27.

Der Reichstag prüft die Legitimation seiner Mitglieder und entscheidet darüber. Er regelt seinen Geschäftsgang und seine Disziplin durch eine Geschäfts-Ordnung[1] und erwählt seinen Präsidenten, seine Vizepräsidenten und Schriftführer.

Artikel 28.

Der Reichstag beschließt nach absoluter Stimmenmehrheit. Zur Gültigkeit der Beschlußfassung ist die

---

[1] Geschäftsordnung für den Reichstag des Norddeutschen Bundes v. 12. Juni 1868, mit Abänderungen v. 17. April und 12. Mai 1869, 12. März 1870, v. 22. Mai 1872 und 9. April 1874. (Berlin bei J. Sittenfeld.)

Dazu:

α) RG. v. 6. Juni 1880, betr. die Abänderung des Zoll=
    tarifs des Deutschen Zollgebiets. (RGB. 1880 S. 120).

β) RG. v. 19. Juni 1881, betr. die Abänderung des Zoll=
    tarifs (Tuch= und Zeugwaaren). (RGB. 1881 S. 119).

γ) RG. v. 21. Juni 1881, betr. die Abänderung des Zoll=
    tarifs (Weinbeeren und Mühlenfabrikate). (RGB. 1881
    S. 121).

δ) RG. v. 20. Juli 1879, betr. die Statistik des Waaren=
    verkehrs des Deutschen Zollgebiets mit dem Auslande.
    (RGB. 1879 S. 261).

   Dazu: Bekanntmachung des Reichskanzlers v. 20. Nov.
   1879, betr. die vom Bundesrathe erlassenen Vorschriften
   zur Ausführung des Gesetzes v. 20. Juli 1879 (RCBl.
   1879 S. 676) und Statistisches Waarenverzeichniß für den
   Nachweis des Waarenverkehrs des D. Zollgebiets mit
   dem Auslande (RCBl. 1879 S. 855 ff.); ferner: Be=
   kanntmachung des Reichskanzlers v. 26. Mai 1880 mit
   dem Verzeichnisse derjenigen Massengüter, auf welche
   die Bestimmung im § 11 Ziffer 3 des Gesetzes v.
   20. Juli 1879 Anwendung findet (RCBl. 1880 S. 318).

2. Salzsteuer.
   RG. v. 12. Okt. 1867, betr. die Erhebung einer Abgabe von
   Salz (BGB. 1867 S. 41), nebst Uebereinkunft der Zollvereins=

---

b. Das RG. v. 30. Mai 1879, betr. die vorläufige Ein=
   führung und Aenderungen des Zolltarifs (RGB. 1879
   S. 149) und die auf Grund desselben erlassenen Bekannt=
   machungen des Reichskanzlers v. 31. Mai 1879 (RGB.
   1879 S. 150), v. 5. Juli 1879 (RGB. 1879 S. 161) und
   v. 7. Juli 1879 (RGB. 1879 S. 163) haben durch die
   Publikation des Reichsgesetzes v. 15. Juli 1879 ihre Er=
   ledigung gefunden.

c. Zur Ausführung des Reichsgesetzes v. 15. Juli 1879 gefaßte
   Beschlüsse des Bundesrathes vgl. im RCBl. 1879 S. 829
   u. 842, 1880 S. 285, 300, 394, 399, 411, 1881 S. 247.

staaten v. 8. Mai 1867 wegen Erhebung einer Abgabe von Salz (a. a. O. S. 49 ff.).

3. **Tabackssteuer.**
    a) RG. v. 16. Juli 1879, betr. die Besteuerung des Tabacks. (RGB. 1879 S. 245).[1]

    b) R.G. v. 26. Juni 1878, betr. Erhebungen über den Tabackbau, die Tabackfabrikation und den Tabackhandel. (RGB. 1878 S. 129).

4. **Branntweinsteuer und Biersteuer.**
    a) BG. v. 4. Mai 1868, betr. die Erhebung einer Abgabe von der Branntweinbereitung in den Hohenzollernschen Landen (BGB. 1868 S. 151) und RG. v. 15. Nov. 1874, betr. die Abgabe von der Branntweinbereitung in den Hohenzollernschen Landen (RGB. 1874 S. 133).

    b) BG. v. 4. Juli 1868 wegen Besteuerung des Braumalzes in verschiedenen zum Nordd. Bunde gehörenden Staaten und Gebietstheilen. (BGB. 1868 S. 384).

    c) BG. v. 8. Juli 1868, betr. die Besteuerung des Branntweins in verschiedenen zum Nordd. Bunde gehörenden Staaten und Gebietstheilen (BGB. 1868 S. 384).

    d) Die beiden vorgedachten Gesetze (zu b und c) sind durch besondere Verordnungen eingeführt worden in Mecklenburg, Lauenburg, Lübeck und Preußischen und Hamburgischen Gebietstheilen (V. v. 29. Juli 1868, BGB. 1868 S. 465); in verschiedenen Preußischen und Hamburgischen Gebietstheilen (V. v. 19. Okt. 1868, BGB. 1868 S. 513); in der Hamburgischen Voigtei Moorwärder und in einem Theile der Preußischen Insel Wilhelmsburg (V. v. 5. Juni 1869,

---

[1] a. Durch dieses Gesetz ist das Zollvereinsgesetz v. 26. Mai 1868, betr. die Besteuerung des Tabacks (BGB. 1868 S. 319), aufgehoben worden.

    b. Zur Ausführung des Reichsgesetzes v. 16. Juli 1879 erlassene Vorschriften vgl. im RGBl. 1879 S. 753, 1880 S. 153, 327, 386, 420, 468 und 1881 S. 191.

BGB. 1869 S. 241), und in dem dem Zollvereine einzu-
schließenden Gebietstheile der Stadt Altona (V. v. 29. Dez.
1871, BGB. 1871 S. 483).

e) RG. v. 16. Nov. 1874, betr. die Besteuerung des Branntweins in Gebietstheilen, welche in die Zollvereinsgrenze
eingeschlossen werden. (RGB. 1874 S. 134).

f) BG. v. 8. Juli 1868, betr. die subsidiarische Haftung des
Brauerei-Unternehmers für Zuwiderhandlungen gegen die
Braumalzsteuergesetze durch Verwalter, Gewerbsgehülfen
und Hausgenossen (BGB. 1868 S. 403), und BG. v. 8. Juli
1868, betr. die subsidiarische Haftung des Brennerei-Unter-
nehmers für Zuwiderhandlungen gegen die Branntweinsteuer-
Gesetze durch Verwalter, Gewerbsgehülfen und Hausgenossen
(a. a. O. S. 404).

g) Vertrag v. 9. April 1868 zwischen dem Nordd. Bunde und
Hessen, betr. die Besteuerung des Branntweins und Biers
in dem nicht zum Nordd. Bunde gehörigen Theile des Großherzogthums Hessen. (BGB. 1868 S. 466).

h) RG. v. 31. Mai 1872 wegen Erhebung der Brausteuer.
(RGB. 1872 S. 153).

   Dazu: RG. v. 23. Dez. 1876, betr. die Abänderung des
§ 44 des Gesetzes wegen Erhebung der Brausteuer v. 31. Mai
1872. (RGB. 1876 S. 287) [1]).

i) RG. v. 19. Juli 1879, betr. die Steuerfreiheit des Branntweins zu gewerblichen Zwecken. (RGB. 1879 S. 259).

   Dazu: Regulativ (des Bundesrathes) v. 23. Dez. 1879,
betr. die Steuerfreiheit des Branntweins zu gewerblichen
Zwecken (RCBl. 1879 S. 781 ff.) und Beschluß des Bundesrathes v. 7. Juli 1881, betr. Abänderung dieses Regulativs
(RCBl. 1881 S. 282).

k) Bekanntmachung des Reichskanzlers v. 18. Juli 1872, betr.
die Umrechnung der Uebergangsabgaben von Bier, Branntwein und geschrotetem Malz, beziehungsweise bei der Aus-

---

[1]) Dies Gesetz ist an die Stelle des durch dasselbe aufgehobenen
Gesetzes v. 26. Dez. 1875 (RGB. 1875 S. 377) getreten.

fuhr der genannten Erzeugnisse nach Maßgabe der durch die
Maaß= und Gewichts=O. v. 17. Aug. 1868 eingeführten
metrischen Maaße. (RGB. 1872 S. 293).

An die Stelle dieser Bekanntmachung ist (in Folge der
Einführung der Reichsmarkrechnung) die Bekanntmachung
des Reichskanzlers v. 15. Jan. 1877, betr. die Umrechnung
der Uebergangsabgaben und Ausfuhrvergütungen, welche
von Staaten, wo innere Steuern auf die Hervorbringung
oder Zubereitung gewisser Erzeugnisse gelegt sind, erhoben,
beziehungsweise bewilligt worden (RGB. 1877 S. 9),
getreten.

Dazu: α. Bekanntmachungen des Reichskanzlers v. 3. März
1880, betr. Abänderung der Bayrischen Uebergangsabgaben
und Rückvergütungssätze für Bier (RGB. 1880 S. 25) und
v. 9. Nov. 1880, betr. Abänderung der Uebergangsabgaben
für Branntwein und Einführung einer Steuerrückvergütung
für solche in Bayern (RGB. 1879 S. 189); β. Bekannt=
machungen des Reichskanzlers v. 20. Mai und v. 9. Nov. 1880,
betr. Abänderung der Sätze der Badischen Uebergangsabgaben
und Rückvergütung für Branntwein (RGB. 1880 S. 112 u. 190)
und v. 10. Juni 1881, betr. die Uebergangsabgabe und die
Steuerrückvergütung für Bier in Baden (RGB. 1881 S. 116);
γ. Bekanntmachung des Reichskanzlers v. 25. Sept. 1878,
betr. die Einführung von Uebergangsabgaben und Aus=
fuhrvergütungen für Bier, Branntwein und geschrotetes
Malz in der Bayerischen Pfalz (RGB. 1878 S. 347);
δ. Bekanntmachung des Reichskanzlers v. 7. Juli 1881,
betr. die Abänderung der Uebergangsabgabensätze für Bier,
Branntwein und Malz in Württemberg (RGB. 1881
S. 232).

Zuckersteuer.

a) Zollvereins=G. v. 26. Juni 1869, betr. die Besteuerung des
Zuckers (BGB. 1869 S. 282).

b) Zollvereins=G. v. 2. Mai 1870 wegen Abänderung der
B., die Besteuerung des im Inlande erzeugten Rübenzuckers
betr. (BGB. 1870 S. 311).

6. Betr. Elfaß=Lothringen.

a) G. v. 17. Juli 1871, betr. die Einführung der Deutschen Zoll= und Steuergesetzgebung (GB. f. Elf.=Lothr. 1871 S. 37), und Bekanntmachung v. 2. Aug. 1871, betr. die Bestimmung des Tages (7. Aug. 1871), an welchem die Deutsche Zoll= und Steuergesetzgebung in Kraft tritt (a. a. O. S. 243).

b) G. v. 16. Mai 1873, betr. die Besteuerung des Branntweins in Elfaß=Lothringen. (RGB. 1873 S. 111, GB. f. Elf.=Lothr. 1873 S. 67).

c) RG. v. 25. Juni 1873, betr. die Einführung der Verfaffung des Deutschen Reichs in Elfaß=Lothringen, § 4 (betr. die Besteuerung des inländischen Bieres[1]). (RGB. 1873 S. 161, GB. f. Elf.=Lothr. 1873 S. 131).

7. Ueber das Veto des Kaisers bezüglich der Gesetzesvorschläge über die im Art. 35 der Reichsverfaffung bezeichneten Abgaben vgl. Art. 5 Abf. 2 der Reichsverfaffung.

In Bayern, Württemberg und Baden bleibt die Besteuerung des inländischen Branntweins und Bieres der Landesgesetzgebung vorbehalten. Die Bundesstaaten werden jedoch ihr Bestreben darauf richten, eine Ueber=einstimmung der Gesetzgebung über die Besteuerung auch diefer Gegenstände herbeizuführen.

1. Die nach Maßgabe der Zollvereinsverträge auch ferner zu er=hebenden Uebergangsabgaben von Branntwein und Bier (Art. 35 u. 38 der Verf.) find ebenfo anzufehen, wie die auf die Be=reitung diefer Getränke gelegte Abgabe. Prot. v. 15. Nov. 1870, betr. die Vereinbarung zwischen dem Norbb. Bunde, Baden und Heffen über Gründung des Deutschen Bundes, unter 2[2]) (BGB. 1870 S. 650), Verhandlung v. 25. Nov. 1870 über den Beitritt Württembergs zu der zwischen dem Norbb.

---

[1] Vgl. Zuf. III. zum Art. 1 der Reichsverfaffung, oben S. 20.
[2] Vgl. unten Anlage V.

Bunde, Baden und Hessen vereinbarten Verf. des Deutschen Bundes unter 1 d [1]) (BGB. 1870 S. 657), und Schlußprotokoll zu dem Vertrage v. 23. Nov. 1870, betr. den Beitritt Bayerns zur Verf. des Deutschen Bundes, unter X [2]) (BGB. 1871 S. 23).

2. Vgl. Art. 38 Abs. 4 der Reichsverfassung.

Artikel 36.

Die Erhebung und Verwaltung der Zölle und Verbrauchssteuern (Art. 35.) bleibt jedem Bundesstaate, soweit derselbe sie bisher ausgeübt hat, innerhalb seines Gebietes überlassen.

Der Kaiser überwacht die Einhaltung des gesetzlichen Verfahrens durch Reichsbeamte, welche er den Zoll= oder Steuerämtern und den Direktivbehörden der einzelnen Staaten, nach Vernehmung des Ausschusses des Bundesrathes für Zoll= und Steuerwesen, beiordnet.

Die von diesen Beamten über Mängel bei der Ausführung der gemeinschaftlichen Gesetzgebung (Art. 35.) gemachten Anzeigen werden dem Bundesrathe zur Beschlußnahme vorgelegt.

Vgl. Art. 7 Abs. 1 Nr. 3 der Reichsverfassung.

Artikel 37.

Bei der Beschlußnahme über die zur Ausführung der gemeinschaftlichen Gesetzgebung (Art. 35.) dienenden Verwaltungsvorschriften und Einrichtungen giebt die Stimme des Präsidiums alsdann den Ausschlag, wenn

---

[1]) Vgl. unten Anlage VI.
[2]) Vgl. unten Anlage VII.

sie sich für Aufrechthaltung der bestehenden Vorschrift oder Einrichtung ausspricht.

Vgl. Art. 5 Abf. 2 der Reichsverfassung.

Artikel 38.

Der Ertrag der Zölle und der anderen in Artikel 35. bezeichneten Abgaben, letzterer soweit sie der Reichsgesetzgebung unterliegen, fließt in die Reichskasse.

Dieser Ertrag besteht aus der gesammten von den Zöllen und den übrigen Abgaben aufgekommenen Einnahme nach Abzug:

1) der auf Gesetzen oder allgemeinen Verwaltungsvorschriften beruhenden Steuervergütungen und Ermäßigungen,

2) der Rückerstattungen für unrichtige Erhebungen,

3) der Erhebungs- und Verwaltungskosten, und zwar:

   a) bei den Zöllen der Kosten, welche an den gegen das Ausland gelegenen Grenzen und in dem Grenzbezirke für den Schutz und die Erhebung der Zölle erforderlich sind,

   b) bei der Salzsteuer der Kosten, welche zur Besoldung der mit Erhebung und Kontrolirung dieser Steuer auf den Salzwerken beauftragten Beamten aufgewendet werden,

   c) bei der Rübenzuckersteuer und Tabacksteuer der Vergütung, welche nach den jeweiligen Beschlüssen des Bundesrathes den einzelnen

Bundesregierungen für die Kosten der Ver=
waltung dieser Steuern zu gewähren ist,

d) bei den übrigen Steuern mit fünfzehn Prozent
der Gesammteinnahme.

Die außerhalb der gemeinschaftlichen Zollgrenze
liegenden Gebiete tragen zu den Ausgaben des Reichs
durch Zahlung eines Aversums bei.

Bayern, Württemberg und Baden haben an dem in
die Reichskasse fließenden Ertrage der Steuern von
Branntwein und Bier und an dem diesem Ertrage ent=
sprechenden Theile des vorstehend erwähnten Aversums
keinen Theil.

1. Vgl. Art. 35 Abs. 2 der Reichsverfassung und die Anm. 1 dazu.
2. An dem in die Reichskasse fließenden Ertrage der Steuer vom
    Bier und an dem diesem Ertrage entsprechenden Theile des
    im Art. 38 Abs. 3 erwähnten Aversums hat Elsaß-Lothringen
    keinen Theil. (RG. v. 25. Juni 1873, betr. die Einführung
    der Verfassung des Deutschen Reichs in Elsaß-Lothringen, § 4
    Abs. 2 [1]), RGB. 1873 S. 161, GB. f. Els.-Lothr. 1873 S. 181).

Artikel 39.

Die von den Erhebungsbehörden der Bundesstaaten
nach Ablauf eines jeden Vierteljahres aufzustellenden
Quartal=Extrakte und die nach dem Jahres= und Bücher=
schlusse aufzustellenden Finalabschlüsse über die im Laufe
des Vierteljahres, beziehungsweise während des Rechnungs=
jahres fällig gewordenen Einnahmen an Zöllen und nach
Artikel 38. zur Reichskasse fließenden Verbrauchsabgaben

---

[1]) Vgl. Zus. III. zum Art. 1 der Reichsverfassung, oben S. 19.
v. Rönne, Reichsverfassung. 4. Aufl.   **7**

werden von den Direktivbehörden der Bundesstaaten, nach
• vorangegangener Prüfung, in Hauptübersichten zusammenge=
stellt, in welche jede Abgabe gesondert nachzuweisen ist,
und es werden diese Ueberfichten an den Ausschuß des
Bundesrathes für das Rechnungswesen eingesandt.

Der letztere stellt auf Grund dieser Ueberfichten von
drei zu drei Monaten den von der Kaffe jedes Bundes=
staates der Reichskaffe schuldigen Betrag vorläufig fest
und setzt von dieser Festftellung den Bundesrath und die
Bundesstaaten in Kenntniß, legt auch alljährlich die
schließliche Festftellung jener Beträge mit seinen Be=
merkungen dem Bundesrathe vor. Der Bundesrath be=
schließt über diese Festftellung.

Artikel 40.

Die Bestimmungen in dem Zollvereinigungsvertrage
vom 8. Juli 1867. bleiben in Kraft, soweit sie nicht durch
die Vorschriften dieser Verfaffung abgeändert sind und
so lange sie nicht auf dem im Artikel 7., beziehungsweise
78. bezeichneten Wege abgeändert werden..

1. Vgl. den Vertr. v. 8. Juli 1867 zwischen dem Nordd. Bunde,
Bayern, Württemberg, Baden und Hessen, die Fortdauer des Zoll=
und Handelsvereins betr., nebst dem dazu gehörigen Schlußprot. v.
8. Juli 1867, im BGB. 1867 Nr. 9 S. 81—124, und über die fort=
dauernde Geltung dieses Vertrages v. Rönne's Staatsrecht des
D. Reiches, 2. Aufl., Bd. II. Abth. 1 § 92 S. 194 ff. und Delbrück,
der Art. 40 der Reichsverfassung (Berlin, 1881).

2. Vgl. RG. v. 25. Juni 1873, betr. die Einführung der Ver=
faffung des Deutschen Reichs in Elsaß=Lothringen, § 5[1]). (RGB.
1873 S. 161, GB. f. Elf.=Lothr. 1873 S. 181).

---

[1]) Vgl. Zuf. III. zum Art. 1 der Reichsverfaffung, oben S. 19.

VII. Eisenbahnwesen [1]).

1. Vgl. Art. 4 Nr. 8 der Reichsverfassung.

2. G. v. 11. Dez. 1871, betr. die Einführung (v. 1. Jan. 1872 an) des Abschnitt VII. der Reichsverfassung über das Eisenbahnwesen in Elsaß=Lothringen. (RGB. 1871 S. 444, GB. f. Els.=Lothr. 1871 S. 371).

3. RG. v. 27. Juni 1873, betr. die Errichtung eines Reichs= Eisenbahnamtes. (RGB. 1873 S. 164).

Vgl. Anm. I. 2. g. zum Art. 18 der Reichsverfassung.

4. Allerh. Erl. v. 9. Dez. 1871, betr. die Einsetzung einer Be= hörde unter dem Namen „Kaiserliche Generaldirektion der Eisen= bahnen in Elsaß=Lothringen". (RGB. 1871 S. 480, GB. f. Els.=Lothr. 1872 S. 4).

Allerh. Erl. v. 27. Mai 1878, betr. die Errichtung eines Reichs= amts für die Verwaltung der Reichseisenbahnen. (RGB. 1878 S. 193).

Vgl. Anm. I. 2. l. zum Art. 18 der Reichsverfassung.

5. RG. v. 14. Juni 1871, betr. die Beschaffung von Betriebs= mitteln für die Eisenbahnen in Elsaß und Lothringen. (RGB. 1871 S. 253).

RG. v. 22. Nov. 1871, v. 15. Juni 1872 und v. 18. Juni 1873, betr. den außerordentlichen Geldbedarf für die Reichseisenbahnen in Elsaß=Lothringen und für die im Großherzogthum Luxemburg be= legenen Strecken der Wilhelm = Luxemburg = Eisenbahn. (RGB. 1871 S. 396, 1872 S. 209 u. 1873 S. 143).

RG. v. 8. Mai 1878, betr. den Bau von Eisenbahnen in Loth= ringen. (RGB. 1878 S. 93).

Dazu: Allerh. Erl. v. 14. Juni 1878. (RGB. 1878 S. 125).

RG. v. 9. Juli 1879, betr. den Bau von Eisenbahnen von Teterchen nach Diedenhofen und von Buchsweiler nach Schweig= hausen, sowie den Ausbau des zweiten Geleises zwischen den Bahnhöfen Teterchen und Hargarten = Fall. (RGB. 1879 S. 195).

---

[1]) Vgl. v. Rönne's Staatsrecht des D. Reiches, 2 Aufl., Bd. II. Abth. 1 § 100 S. 314 ff.

7*

Dazu: Allerh. Erl. v. 13. Oft. 1880. (RGB. 1880 S. 187).

RG. v. 24. Mai 1881, betr. die Aufnahme einer Anleihe für die Reichseisenbahnen in Elsaß-Lothringen. (RGB. 1881 S. 93).

Dazu: Allerh. Erl. v. 12. Dez. 1881. (RGB. 1881 S. 273).

6. RG. v. 15. Juli 1872, betr. die Uebernahme der Verwaltung der Wilhelm-Luxemburg-Eisenbahn. (RGB. 1872 S. 329).

Vgl. Uebereinkunft wegen Uebernahme der Verwaltung der Wilhelm-Luxemburg-Eisenbahn durch die Kaiserl. Deutsche Eisenbahnverwaltung v. 11. Juni 1872 (RGB. 1872 S. 330) und Uebereinkunft zwischen Deutschland und Belgien, betr. den Betrieb des auf Belgischem Gebiete belegenen Theils der Wilhelm-Luxemburg-Eisenbahn, v. 11. Juli 1872. (RGB. 1873 S. 339).

7. Ueber das Verhältniß der Eisenbahnunternehmungen zur Postverwaltung vgl. § 4 des RG. v. 28. Oft. 1871 über das Postwesen des Deutschen Reichs (RGB. 1871 S. 347), und RG. v. 20. Dez. 1875, betr. die Abänderung des § 4 des Gesetzes v. 28. Oft. 1871 über das Postwesen des Deutschen Reichs. (RGB. 1875 S. 318).

Dazu:

a. Bekanntmachung des Reichskanzlers v. 9. Febr. 1876, mit den Vollzugsbestimmungen zum Eisenbahnpostgesetze v. 20. Dez. 1875 (RCBl. 1876 S. 87), und über die Abänderung dieser Vollzugsbestimmungen der Bekanntmachungen des Reichskanzlers v. 9. Mai 1878 (RCBl. 1878 S. 261) und v. 24. Dez. 1881 (RCBl. 1882 S. 4).

b. Bekanntmachung des Reichskanzlers v. 28. Mai 1879, mit den Bestimmungen betr. die Verpflichtungen der Eisenbahnen untergeordneter Bedeutung zu Leistungen für die Zwecke des Postdienstes. (RCBl. 1879 S. 380).

8. RG. v. 25. Febr. 1876, betr. die Beseitigung von Ansteckungsstoffen bei Viehbeförderungen auf Eisenbahnen. (RGB. 1876 S. 163).

Vgl. die Anm. zum Art. 4 Nr. 15 der Reichsverfaffung.

Artikel 41.

Eisenbahnen, welche im Interesse der Vertheidigung Deutschlands oder im Interesse des gemeinsamen Verkehrs für nothwendig erachtet werden, können kraft eines Reichsgesetzes auch gegen den Widerspruch der Bundesglieder, deren Gebiet die Eisenbahnen durchschneiden, unbeschadet der Landeshoheitsrechte, für Rechnung des Reichs angelegt oder an Privatunternehmer zur Ausführung konzessionirt und mit dem Expropriationsrechte ausgestattet werden.

Jede bestehende Eisenbahnverwaltung ist verpflichtet, sich den Anschluß neu angelegter Eisenbahnen auf Kosten der letzteren gefallen zu lassen.

Die gesetzlichen Bestimmungen, welche bestehenden Eisenbahn-Unternehmungen ein Widerspruchsrecht gegen die Anlegung von Parallel- oder Konkurrenzbahnen einräumen, werden, unbeschadet bereits erworbener Rechte, für das ganze Reich hierdurch aufgehoben. Ein solches Widerspruchsrecht kann auch in den künftig zu ertheilenden Konzessionen nicht weiter verliehen werden.

Artikel 42.

Die Bundesregierungen verpflichten sich, die Deutschen Eisenbahnen im Interesse des allgemeinen Verkehrs wie ein einheitliches Netz verwalten und zu diesem Behuf auch die neu herzustellenden Bahnen nach einheitlichen Normen anlegen und ausrüsten zu lassen.

Artikel 43.

Es sollen demgemäß in thunlichster Beschleunigung

übereinstimmende Betriebseinrichtungen getroffen, ins=
besondere gleiche Bahnpolizei=Reglements eingeführt wer=
den. Das Reich hat dafür Sorge zu tragen, daß die Eisen=
bahnverwaltungen die Bahnen jederzeit in einem die
nöthige Sicherheit gewährenden baulichen Zustande er=
halten und dieselben mit Betriebsmaterial so ausrüsten,
wie das Verkehrsbedürfniß es erheischt.

.1. Bekanntmachung des Reichskanzlers v. 4. Jan. 1875 mit dem
vom Bundesrathe beschlossenen Bahnpolizeireglement für die Eisen=
bahnen Deutschlands. (RCBl. 1875 S. 57.[1]) Dazu: Berichtigungen
im RCBl. 1875 S. 156 und 357.

Abänderungen und Ergänzungen des Bahnpolizeireglements v.
4. Jan. 1875:

Bekanntmachungen des Reichskanzlers v. 12. Juni 1878 (RCBl.
1878 S. 365) und v. 17. Mai 1881 (RCBl. 1881 S. 172).

Bekanntmachung des Reichskanzlers v. 4. Jan. 1875 mit der
vom Bundesrathe beschlossenen Signalordnung für die Eisenbahnen
Deutschlands (RCBl. 1875 S. 73). Dazu: Bekanntmachungen des
Reichskanzlers v. 12. Juni 1878 und v. 20. Juni 1880, betr. Aender.
und Ergänz. der Signalordnung für die Eisenbahnen Deutschlands.
(RCBl. 1878 S. 368 u. 1880 S. 483).

Bekanntmachung des Reichskanzlers v. 16. April 1875, wonach
das Bahnpolizeireglement und die Signalordnung v. 4. Jan. 1875
auch für Elsaß=Lothringen in Kraft getreten sind. (GB. f. Els.=Lothr.
1875 S. 65).

B. v. 24. April 1876, betr. die Sicherheitsordnung für die Eisen=
bahnen in Elsaß=Lothringen, auf welche das Bahnpolizeiregl. und

---

[1] Dieses Bahnpolizeiregl. v. 4. Jan. 1875 ist, zuf. der Be=
kanntmachung des Reichskanzlers v. 4. Jan. 1875 an die Stelle des
Bahnpolizeiregl. für die Eisenbahnen im Nordd. Bunde v. 8. Juni 1870
(BGB. 1870 S. 461) und des Nachtrags zu demselben v. 29. Dez. 1871
(RGB. 1872 S. 34) getreten.

die Signalordn. für die Eisenbahnen Deutschlands v. 4. Jan. 1875 keine Anwendung finden (GB. f. Elf.-Lothr. 1876 S. 18).

2. Bekanntmachung des Reichskanzlers v. 12. Juni 1878, mit den Bestimmungen über die Befähigung von Bahnpolizeibeamten und Lokomotivführern. (RGBl. 1878 S. 364). Dazu: Bekanntmachung des Reichskanzlers v. 17. Mai 1881, betr. Aender. und Ergänz. dieser Bestimmungen. (RGBl. 1881 S. 172).

3. Bekanntmachung des Reichskanzlers v. 12. Juni 1878, mit den (vom Bundesrathe beschlossenen) Normen für die Konstruktion und Ausrüstung der Eisenbahnen Deutschlands. (RGBl. 1878 S. 382).

4. Bekanntmachung des Reichskanzlers v. 1. Juli 1878, betr. die Geltung der vorstehend (zu 1—3) gedachten Bestimmungen für Elsaß-Lothringen. (GB. f. Elf.-Lothr. 1878 S. 47).

Artikel 44.

Die Eisenbahnverwaltungen sind verpflichtet, die für den durchgehenden Verkehr und zur Herstellung ineinander greifender Fahrpläne nöthigen Personenzüge mit entsprechender Fahrgeschwindigkeit, desgleichen die zur Bewältigung des Güterverkehrs nöthigen Güterzüge einzuführen, auch direkte Expeditionen im Personen- und Güterverkehr, unter Gestattung des Ueberganges der Transportmittel von einer Bahn auf die andere, gegen die übliche Vergütung, einzurichten.

Artikel 45.

Dem Reiche steht die Kontrole über das Tarifwesen zu. Dasselbe wird namentlich dahin wirken:

1) daß baldigst auf allen Deutschen Eisenbahnen übereinstimmende Betriebsreglements eingeführt werden;

1. Bekanntmachung des Reichskanzlers v. 11. Mai 1874, betr. das Betriebsreglement für die Eisenbahnen Deutschlands. (RGB 1874 S. 84).

Vgl. das vom Bundesrath beschlossene Betriebsreglement b. 11. Mai 1874 im RCBl. 1874 S. 179 [1]).

Dazu: Bekanntmachungen des Reichskanzlers v. 6. April 1876 (RCBl. 1876 S. 223 u. GB. f. Els.-Lothr. 1876 S. 8), v. 14. Dez. 1876 (GB. f. Els.-Lothr. 1876 S. 5), v. 29. Dez. 1876 (RCBl. 1876 S. 7), v. 30. April 1878 (RCBl. 1878 S. 238), v. 18. Juli 1879 (RCBl. 1879 S. 478), v. 1. März 1881 (RCBl. 1881 S. 83) und v. 5. Juli 1881 (RCBl. 1881 S. 261).

Vgl. auch die Bekanntmachung des Reichseisenbahnamtes v. 14. Juli 1879 mit dem Beschluß des Bundesrathes v. 27. Juni 1879 über die Ausführung des § 50, Nr. 7 des Betriebsregl. v. 11. Mai 1874 (RCBl. 1879 S. 482), betr. Abänderungen des Betriebsregl. für die Eisenbahnen Deutschlands.

Bekanntmachungen des Reichskanzlers v. 11. Mai 1874, betr. die Geltung des Betriebsregl. von 1874 für Elsaß-Lothringen (GB. f. Els.-Lothr. 1874 S. 17), v. 15. Nov. 1877 und v. 27. Juni 1879, betr. Abänderung des Betriebsregl. für die Eisenbahnen Deutschlands. (GB. f. Els.-Lothr. 1877 S. 67 und 1879 S. 79).

2. Bekanntmachung des Reichskanzlers v. 18. Juli 1879, betr. die Bestimmungen über die Verladung und Beförderung von lebenden Thieren auf Eisenbahnen. (RCBl. 1879 S. 479).

> 2) daß die möglichste Gleichmäßigkeit und Herab=
> setzung der Tarife erzielt, insbesondere, daß bei
> größeren Entfernungen für den Transport von
> Kohlen, Koaks, Holz, Erzen, Steinen, Salz,

---

[1]) Dieses Betriebsregl. v. 11. Mai 1874 ist, zuf. der Bekannt= machung des Reichskanzlers v. 11. Mai 1874, an die Stelle des Be= triebsregl. für die Eisenbahnen im Nordd. Bunde v. 10. Juni 1870 (BGB. 1870 S. 419) und der Nachträge zu demselben v. 22. Dez. 1871 (RGB. 1871 S. 473, GB. f. Els.-Lothr. 1872 S. 5) und v. 5. Aug. 1872 (RGB. 1872 S. 360, GB. f. Els.-Lothr. 1872 S. 571) getreten.

Roheisen, Düngungsmitteln und ähnlichen Gegen=
ständen ein dem Bedürfniß der Landwirthschaft
und Industrie entsprechender ermäßigter Tarif,
und zwar zunächst thunlichst der Einpfennig=Tarif
eingeführt werde.

Bezüglich der Württembergischen Eisenbahnen ist in der Ver=
handlung v. 25. Nov. 1870 über den Beitritt Württembergs zu der
zwischen dem Norddb. Bunde, Baden und Hessen vereinbarten Ver=
fassung des Deutschen Bundes (BGB. 1870 S. 657) unter 2. zum
Art. 45 der Verf.[1]) anerkannt, daß bei ihren Bau=, Betriebs= und
Verkehrsverhältnissen nicht alle im Art. 45 aufgeführten Transport=
gegenstände in allen Gattungen von Verkehren zum Einpfennigsatze
befördert werden können.

Artikel 46.

Bei eintretenden Nothständen, insbesondere bei un=
gewöhnlicher Theuerung der Lebensmittel, sind die Eisen=
bahnverwaltungen verpflichtet, für den Transport, na=
mentlich von Getreide, Mehl, Hülsenfrüchten und Kar=
toffeln, zeitweise einen dem Bedürfniß entsprechenden,
von dem Kaiser auf Vorschlag des betreffenden Bundes=
raths=Ausschusses festzustellenden, niedrigen Spezialtarif
einzuführen, welcher jedoch nicht unter den niedrigsten auf
der betreffenden Bahn für Rohprodukte geltenden Satz
herabgehen darf.

Die vorstehend, sowie die in den Art. 42. bis 45.
getroffenen Bestimmungen sind auf Bayern nicht an=
wendbar.

Dem Reiche steht jedoch auch Bayern gegenüber das

---

[1]) Vgl. unten Anlage VI.

Recht zu, im Wege der Gesetzgebung einheitliche Normen für die Konstruktion und Ausrüstung der für die Landes=vertheidigung wichtigen Eisenbahnen aufzustellen.

Artikel 47.

Den Anforderungen der Behörden des Reichs in Betreff der Benutzung der Eisenbahnen zum Zweck der Vertheidigung Deutschlands haben sämmtliche Eisenbahn=verwaltungen unweigerlich Folge zu leisten. Insbesondere ist das Militair und alles Kriegsmaterial zu gleichen ermäßigten Sätzen zu befördern.

VIII. Post- und Telegraphenwesen[1]).

1. G. v. 14. Okt. 1871, betr. die Einführung des Abschn. VIII. der Reichsverfassung in Elsaß=Lothringen. (RGB. 1871 S. 443, GB. f. Elf.=Lothr. 1871 S. 347).

2. Ueber das Verhältniß des Post= und Telegraphenwesens in Hessen zum Bunde vgl. Protokoll v. 15. Nov. 1870, betr. die Verein=barung zwischen dem Nordd. Bunde, Baden und Hessen über Grün=dung des Deutschen Bundes, unter 4[2]) (BGB. 1870 S. 650), und hinsichtlich Bayerns und Württembergs Art. 52 der Reichsverfassung und die Anm. dazu.

Artikel 48.

Das Postwesen und das Telegraphenwesen werden für das gesammte Gebiet des Deutschen Reichs als ein=

---

[1]) Vgl. v. Rönne's Staatsrecht des D. Reiches, 2. Aufl., Bd. II. Abth. 1 § 99 S. 285 ff.

[2]) Vgl. unten Anlage V.

heitliche Staatsverkehrs-Anstalten eingerichtet und ver-
waltet.

Die im Artikel 4. vorgesehene Gesetzgebung des Reichs
in Post- und Telegraphen-Angelegenheiten erstreckt sich
nicht auf diejenigen Gegenstände, deren Regelung nach
den in der Norddeutschen Post- und Telegraphen-Ver-
waltung maßgebend gewesenen Grundsätzen der reglementarischen Festsetzung oder administrativen Anordnung
überlassen ist.

1. Vgl. Art. 4 Nr. 10 der Reichsverfassung.

2. a. BG. v. 2. Nov. 1867 über das Postwesen des Norbb. Bundes.
(BGB. 1867 S. 61). Aufgehoben durch:

b. RG. v. 28. Okt. 1871 über das Postwesen des Deutschen
Reichs. (RGB. 1871 S. 347).

In Elsaß-Lothringen eingeführt durch G. v. 4. Nov. 1871.
(GB. f. Elf.-Lothr. 1871 S. 348).

Dazu: RG. v. 20. Dez. 1875, betr. die Abänderung des
§ 4 des Gesetzes v. 28. Okt. 1871 über das Postwesen des
Deutschen Reiches. (RGB. 1875 S. 318). Vgl. Anm. 7
zum Abschn. VII. der Reichsverfassung.

3. a. BG. v. 4. Nov. 1867 über das Posttagwesen im Gebiete
des Norbb. Bundes. (BGB. 1867 S. 75). Aufgehoben:
durch:

b. RG. v. 28. Okt. 1871 über das Posttagwesen im Gebiete
des Deutschen Reichs. (RGB. 1871 S. 358).

In Elsaß-Lothringen eingeführt durch G. v. 4. Nov. 1871.
(GB. f. Elf.-Lothr. 1871 S. 348).

c. RG. v. 17. Mai 1873, betr. einige Abänderungen des Gesetzes über das Posttagwesen im Gebiete des Deutschen
Reichs v. 28. Okt. 1871. (RGB. 1873 S. 107).

In Elsaß-Lothringen eingeführt durch RG. v. 8. Febr. 1875
Ziffer 5. (RGB. 1875 S. 69, GB. f. Elf.-Lothr. 1875 S. 9).

d. RG. v. 3. Nov. 1874, betr. Abänderung des Gesetzes über
das Posttagwesen. (RGB. 1874 S. 127 u. 134).

4. BG. v. 5. Juni 1869, betr. die Portofreiheiten im Gebiete des Nordd. Bundes (BGB. 1869 S. 141). Auch gültig für Baden, zuf. Art. 80 unter II. Ziffer 4 der zwischen dem Nordd. Bunde und Baden und Hessen vereinbarten Verfassung des Deutschen Bundes v. 15. Nov. 1870[1]) (BGB. 1870 S. 647), für Bayern und Württemberg, zuf. des RG. v. 29. Mai 1872 (RGB. 1872 S. 167) und für Südhessen, zuf. RG. v. 20. Dez. 1875 (RGB. 1875 S. 323). In Elsaß-Lothringen eingeführt durch G. v. 1. März 1872 (GB. f. Elf.-Lothr. 1872 S. 150).

5. Bekanntmachung des Bundeskanzlers v. 29. Aug. 1870, betr. die portopflichtige Korrespondenz zwischen Behörden verschiedener Bundesstaaten. (BGB. 1870 S. 514).

Ausgedehnt auf sämmtliche Staaten des Deutschen Reichs, zuf. Bekanntmach. des Reichskanzlers v. 17. April 1872 (RGB. 1872 S. 108, GB. f. Elf.-Lothr. 1872 S. 168) und v. 8. Juli 1873 (RGB. 1873 S. 232), desgl. auf die portopflichtige Korrespondenz zwischen den Behörden des Reichs und Oesterreich-Ungarns, zuf. Bekanntmach. des Reichskanzlers v. 31. Okt. 1873 (RGB. 1873 S. 366, GB. f. Elf.-Lothr. 1873 S. 290).

6. BG. v. 16. Mai 1869, betr. die Einführung von Telegraphenfreimarken. (BGB. 1869 S. 377). Auch gültig für Baden und Südhessen, zuf. Art. 80 unter II. der mit Baden und Hessen vereinbarten Verf. (BGB. 1870 S. 647), und für Elsaß-Lothringen, zuf. RG. v. 8. Febr. 1875 Ziffer 1 (RGB. 1875 S. 69, GB. f. Elf.-Lothr. 1875 S. 9), dagegen nicht eingeführt in Bayern und Württemberg.

Vgl. Bekanntmachung des Reichskanzlers v. 10. Juli 1869, betr. die Einführung von Telegraphenfreimarken. (Preuß. Min.-Bl. für die inn. Verwalt. 1869 S. 220).

7. V. v. 2. Juni 1877, betr. die gebührenfreie Beförderung von Telegrammen. (RGB. 1877 S. 524).

Abth. 1
[1]) Vgl. unten Anlage I.

2) Vgl.

Artikel 49.

Die Art. 49—52 sind für Baden erst mit dem 1. Jan. 1872 in Wirksamkeit getreten. (Prot. v. 15. Nov. 1870 im Eingange, BGB. 1870 S. 650).

Die Einnahmen des Post= und Telegraphenwesens sind für das ganze Reich gemeinschaftlich. Die Aus= gaben werden aus den gemeinschaftlichen Einnahmen bestritten. Die Ueberschüsse fließen in die Reichskasse. (Abschnitt XII).

Artikel 50.

Dem Kaiser gehört die obere Leitung der Post= und Telegraphenverwaltung an. Die von ihm bestellten Be= hörden haben die Pflicht und das Recht, dafür zu sorgen, daß Einheit in der Organisation der Verwaltung und im Betriebe des Dienstes, sowie in der Qualifikation der Beamten hergestellt und erhalten wird.

Dem Kaiser steht der Erlaß der reglementarischen Festsetzungen und allgemeinen administrativen Anord= nungen, sowie die ausschließliche Wahrnehmung der Be= ziehungen zu anderen Post= und Telegraphenverwal= tungen zu.

Ueber die Zuziehung von Vertretern einzelner Bundesstaaten bei dem Abschlusse von Post= und Telegraphenverträgen mit außerdeutschen Staaten, sowie über den selbstständigen Abschluß solcher nur den Grenzverkehr betr. Verträge vgl. Schlußprotokoll zu dem Vertrage v. 23. Nov. 1870, betr. den Beitritt Bayerns zur Verfassung des Deutschen Bundes (BGB. 1871 S. 28) unter XI[1]).

Sämmtliche Beamte der Post= und Telegraphen=

---

[1]) Vgl. unten Anlage VII.

verwaltung sind verpflichtet, den Kaiserlichen Anordnungen Folge zu leisten. Diese Verpflichtung ist in den Diensteid aufzunehmen.

Vgl. Art. 18 Abs. 1 der Reichsverfassung.

Die Anstellung der bei den Verwaltungsbehörden der Post und Telegraphie in den verschiedenen Bezirken erforderlichen oberen Beamten (z. B. der Direktoren, Räthe, Ober=Inspektoren), ferner die Anstellung der zur Wahrnehmung des Aufsichts= u. s. w. Dienstes in den einzelnen Bezirken als Organe der erwähnten Behörden fungirenden Post= und Telegraphenbeamten (z. B. In=spektoren, Kontroleure) geht für das ganze Gebiet des Deutschen Reichs vom Kaiser aus, welchem diese Beamten den Diensteid leisten. Den einzelnen Landesregierungen wird von den in Rede stehenden Ernennungen, soweit dieselben ihre Gebiete betreffen, behufs der landesherrlichen Bestätigung und Publikation rechtzeitig Mittheilung ge=macht werden.

Die anderen bei den Verwaltungsbehörden der Post und Telegraphie erforderlichen Beamten, sowie alle für den lokalen und technischen Betrieb bestimmten, mithin bei den eigentlichen Betriebsstellen fungirenden Beamten u. s. w. werden von den betreffenden Landesregierungen angestellt.

Wo eine selbstständige Landespost= resp. Telegraphen=verwaltung nicht besteht, entscheiden die Bestimmungen der besonderen Verträge.

1. Zuf. § 50 des RG. v. 28. Oft. 1871 über das Postwesen des Deutschen Reichs (RGB. 1871 S. 359) gebührt das Recht der Er=lassung eines Postreglements dem Reichskanzler unter theilweiser

Mitwirkung des Bundesraths. Auf Grund dieser Bestimmung ist
die (jetzt geltende) Postordnung v. 8. März 1879 (RGBl. 1879 S. 185)
erlassen. Vgl. dazu: Abänderungen v. 24. Aug. 1879 (RGBl. 1879
S. 538).

2. Telegraphenordnung für das Deutsche Reich v. 13. Aug. 1880.
(RGBl. 1880 S. 560). [1]

3. Ueber die Organisation der Behörden und die Rechtsverhältnisse der Beamten des Post= und Telegraphenwesens vgl. Art. 18
der Reichsverfassung und die Anm. dazu.

Artikel 51.

Bei Ueberweisung des Ueberschusses der Postver=
waltung für allgemeine Reichszwecke (Art. 49.) soll, in
Betracht der bisherigen Verschiedenheit der von den
Landes=Postverwaltungen der einzelnen Gebiete erzielten
Reineinnahmen, zum Zwecke einer entsprechenden Aus=
gleichung während der unten festgesetzten Uebergangszeit
folgendes Verfahren beobachtet werden.

Aus den Postüberschüssen, welche in den einzelnen
Postbezirken während der fünf Jahre 1861. bis 1865.
aufgekommen sind, wird ein durchschnittlicher Jahres=
überschuß berechnet, und der Antheil, welchen jeder ein=
zelne Postbezirk an dem für das gesammte Gebiet des
Reichs sich darnach herausstellenden Postüberschusse ge=
habt hat, nach Prozenten festgestellt.

Nach Maßgabe des auf diese Weise festgestellten
Verhältnisses werden den einzelnen Staaten während
der auf ihren Eintritt in die Reichs=Postverwaltung

---

[1] Vgl. die frühere Telegraphenordnung v. 21. Juni 1872 im
RGB. 1872 S. 213.

folgenden acht Jahre die sich für sie aus den im Reiche aufkommenden Postüberschüssen ergebenden Quoten auf ihre sonstigen Beiträge zu Reichszwecken zu Gute gerechnet.

Nach Ablauf der acht Jahre hört jene Unterscheidung auf, und fließen die Postüberschüsse in ungetheilter Aufrechnung nach dem im Artikel 49. enthaltenen Grundsatz der Reichskasse zu.

Von der während der vorgedachten acht Jahre für die Hansestädte sich herausstellenden Quote des Postüberschusses wird alljährlich vorweg die Hälfte dem Kaiser zur Disposition gestellt zu dem Zwecke, daraus zunächst die Kosten für die Herstellung normaler Posteinrichtungen in den Hansestädten zu bestreiten.

1. Bezüglich Badens vgl. Prot. v. 15. Nov. 1870, betr. die Vereinbarung zwischen dem Norddt. Bunde, Baden und Hessen über Gründung des D. Bundes (BGB. 1870 S. 650) unter 5 zu Art. 52 (jetzt Art. 51) der Reichsverf.[1]

2. BG. v. 5. Juni 1869, betr. die Portofreiheiten im Gebiete des Norddt. Bundes, § 18 (BGB. 1869 S. 141): „Die Vorschriften des Artikels 52. (jetzt 51) der Bundesverfassung sind nicht auszudehnen auf denjenigen Theil der Postüberschüsse, welcher durch die in gegenwärtigem Gesetze angeordnete Aufhebung von Portofreiheiten gewonnen wird. Die näheren Bestimmungen über die Berechnung und Verwendung dieses bis Ende Dezember 1875. auszunehmden Theils bleiben der Verständigung im Bundesrathe unter Zustimmung des Reichstages vorbehalten."

Vgl. Anm. 4 zum Art. 48 der Reichsverfassung.

---

[1] Vgl. unten Anlage V.

Artikel 52.

Die Bestimmungen in den vorstehenden Artikeln 48. bis 51. finden auf Bayern und Württemberg keine Anwendung. An ihrer Stelle gelten für beide Bundesstaaten folgende Bestimmungen.

In Betreff Württembergs vgl. auch die Verhandlung dd. Berlin d. 25. Nov. 1870 über den Beitritt Württembergs zu der zwischen dem Norbb. Bunde, Baden und Hessen vereinbarten Verf. des D. Bundes (BGB. 1870 S. 657) unter 3[1]) und in Betreff Bayerns und Württembergs die Bestimmungen des RG. v. 28. Okt. 1871 über das Postwesen des D. Reichs §§ 4 und 50 (RGB. 1871 S. 347), desgl. Art. 12 und 13 des G. v. 20. Dez. 1875, betr. die Abänderung des § 4 des G. v. 28. Okt. 1871 über das Postwesen (RGB. 1875 S. 318), und des § 13 des RG. v. 28. Okt. 1871 über das Posttaxwesen im Gebiete des D. Reichs (RGB. 1871 S. 362).

Dem Reiche ausschließlich steht die Gesetzgebung über die Vorrechte der Post und Telegraphie, über die rechtlichen Verhältnisse beider Anstalten zum Publikum, über die Portofreiheiten und das Posttaxwesen, jedoch ausschließlich der reglementarischen und Tarif-Bestimmungen für den internen Verkehr innerhalb Bayerns, beziehungsweise Württembergs, sowie, unter gleicher Beschränkung, die Feststellung der Gebühren für die telegraphische Korrespondenz zu.

Ebenso steht dem Reiche die Regelung des Post= und Telegraphenverkehrs mit dem Auslande zu, ausgenommen den eigenen unmittelbaren Verkehr Bayerns, beziehungsweise Württembergs mit seinen dem Reiche nicht an=

---

[1]) Vgl. unten Anlage VI.

v. Rönne, Reichsverfassung. 4. Aufl. 8

gehörenden Nachbarstaaten, wegen dessen Regelung es
bei der Bestimmung im Artikel 49. des Postvertrages vom
23. November 1867. bewendet.

Postvertrag v. 23. Nov. 1867 zwischen dem Nordd. Bunde, Bayern,
Württemberg und Baden (BGB. 1868 S. 41 ff.) Art. 49 [1]).

Artikel 49.

Die Behandlung der Sendungen im Verkehr mit auswärtigen
Postgebieten richtet sich nach den Postverträgen mit den betreffenden
fremden Regierungen, beziehungsweise nach den Uebereinkünften mit
auswärtigen Transport=Unternehmungen.

Bei dem Abschlusse von Postverträgen mit fremden Regierungen
wird, wenn zwei oder mehrere der Theilnehmer des gegenwärtigen
Vertrages mit einem und demselben ausländischen Staate in un=
mittelbarem Postverkehr stehen oder in solchen eintreten wollen, die=
jenige Postverwaltung, welche den Abschluß eines neuen Vertrages
beabsichtigt, den anderen beim direkten Postverkehr mit dem be=
treffenden Lande betheiligten Postverwaltungen von ihrer Absicht
Kenntniß geben zum Zwecke der Herbeiführung einer Verständigung
über das in dem Verhältnisse zu dem fremden Lande einzuhaltende
übereinstimmende Verfahren und der Geltendmachung der bezüglich
des Deutschen Postwesens bestehenden gemeinsamen Interessen.

Insoweit als eine solche Verständigung stattgefunden hat, werden
die dabei betheiligten Postverwaltungen sich bemühen, den Abschluß
der neuen Verträge in Gemeinschaft zu bewirken, wobei eine Bevoll=
mächtigung eines der kontrahirenden Theile durch den anderen nicht
ausgeschlossen ist.

In allen Fällen wird durch die Verträge dahin Vorsorge ge=
troffen werden, daß die Erleichterungen, welche dem Postverkehr des
betreffenden Auslandes mit dem Gebiet der vertragschließenden
Deutschen Verwaltung zu Theil werden, in gleicher Weise und unter
denselben Bedingungen auch auf den durch diese Verwaltung stück=

---

[1]) Vgl. v. Rönne's Staatsrecht des D. Reiches, 2. Aufl., Bd. II.
Abth. 1 § 99 S. 292 ff.

weise vermittelten Korrespondenzverkehr anderer Deutscher Postgebiete mit dem betreffenden Auslande zur Anwendung gelangen.

Die Annahme der in den Verträgen mit dem Auslande vereinbarten Bestimmungen soll für alle Theilnehmer des gegenwärtigen Vertrages obligatorisch sein, sobald bei den Festsetzungen über den Portobezug nicht unter das interne Deutsche Porto heruntergegangen ist. Hat in besonderen Fällen ein niedrigeres Porto vereinbart werden müssen, so bleibt die Theilnahme an den Bestimmungen des bezüglichen Vertrages dem Ermessen der einzelnen Postverwaltungen anheimgestellt.

An den zur Reichskasse fließenden Einnahmen des Post= und Telegraphenwesens haben Bayern und Württemberg keinen Theil.

IX. Marine und Schiffahrt.

Artikel 53 [1]).

Die Kriegsmarine des Reichs ist eine einheitliche unter dem Oberbefehl des Kaisers. Die Organisation und Zusammensetzung derselben liegt dem Kaiser ob, welcher die Offiziere und Beamten der Marine ernennt, und für welchen dieselben nebst den Mannschaften eidlich in Pflicht zu nehmen sind.

Der Kieler Hafen und der Jadehafen sind Reichs= kriegshäfen.

Der zur Gründung und Erhaltung der Kriegsflotte

---

[1]) Vgl. v. Rönne's Staatsrecht des D. Reiches, 2. Aufl., Bd. II. Abth. 1 § 112 S. 160 ff. und Zorn's Staatsrecht des D. Reichs, Bd. I. § 18 S. 214 u. § 19 S. 340.

und der damit zusammenhängenden Anstalten erforder=
liche Aufwand wird aus der Reichskasse bestritten.

Die gesammte seemännische Bevölkerung des Reichs,
einschließlich des Maschinenpersonals und der Schiffs=
handwerker, ist vom Dienste im Landheere befreit, da=
gegen zum Dienste in der Kaiserlichen Marine verpflichtet.

Die Vertheilung des Ersatzbedarfes findet nach
Maßgabe der vorhandenen seemännischen Bevölkerung
statt, und die hiernach von jedem Staate gestellte Quote
kommt auf die Gestellung zum Landheere in Abrechnung.

1. Bgl. Art. 4 Nr. 14 der Reichsverfassung.

2. Bgl. Art. 57 und 59 der Reichsverfassung und die Anm. dazu.

3. Organisation der Verwaltungs= und Kommando=Behörden der
Kaiserlichen Marine.

Allerh. Erl. v. 15. Juni 1871, betr. die Geschäftsführung der
oberen Marinebehörde, nebst Regulativ. (RGB. 1871 S. 272).

Allerh. Erl. v. 1. Jan. 1872, betr. die oberste Marinebehörde.
(RGB. 1872 S. 5).

[Kaiserl. Admiralität, unter der Verantwortlichkeit des Reichs=
kanzlers bezüglich der Verwaltung und Führung der Oberbefehls
nach den Anordnungen des Kaisers.]

4. Allerh. Erl. v. 23. Mai 1876, betr. das oberste Militärgericht
für Marinesachen. (RGB. 1876 S. 165).

5. BG. v. 9. Nov. 1867, betr. den außerordentlichen Geldbedarf
des Norbb. Bundes zum Zwecke der Erweiterung der Bundeskriegs=
marine und der Herstellung der Küstenvertheidigung (BGB. 1867
S. 157), und die BG. v. 20. Mai 1869 (BGB. 1869 S. 137) und v.
6. April 1870 (BGB. 1870 S. 65) wegen Abänderung dieses Gesetzes,
ferner: RG. v. 27. Jan. 1875 (RGB. 1875 S. 18), v. 29. April 1878
(RGB. 1878 S. 87), v. 30. März 1879 (RGB. 1879 S. 121), v.
26. März 1880 (RGB. 1880 S. 95) und v. 28. März 1881 (RGB.
1881 S. 68), betr. Aufnahmen von Anleihen für Zwecke der Ver=
waltung der Marine.

Vgl. Art VI. des RG. v. 8. Juli 1872, betr. die Französische Kriegskostenentschädigung (RGB. 1872 S. 289), und § 1 des RG. v. 8. Juli 1873, betr. den nach dem G. v. 8. Juli 1872 einstweilen reservirten Theil der Französischen Kriegskostenentschädigung. (RGB. 1873 S. 217).

Artikel 54 ¹).

Die Kauffahrteischiffe aller Bundesstaaten bilden eine einheitliche Handelsmarine.

Das Reich hat das Verfahren zur Ermittelung der Ladungsfähigkeit der Seeschiffe zu bestimmen, die Ausstellung der Meßbriefe, sowie die Schiffscertificate zu regeln und die Bedingungen festzustellen, von welchen die Erlaubniß zur Führung eines Seeschiffes abhängig ist.

1. Vgl. Art. 4 Nr. 7 und Nr. 9 der Reichsverfassung.
2. a. BG. v. 25. Okt. 1867, betr. die Nationalität der Kauffahrteischiffe und ihre Befugniß zur Führung der Bundesflagge (BGB. 1867 S. 35). Auch gültig für Baden und Südhessen, zuf. Art. 80 unter I. 2 der mit Baden und Hessen vereinbarten Verf. (BGB. 1870 S. 51), für Württemberg, zuf. Art. 2 Nr. 6 des Vertr. v. 25. Nov. 1870 (BGB. 1870 S. 657), und für Bayern, zuf. § 2 unter I. 2 des RG. v. 22. April 1871 (BGB. 1871 S. 87).
   b. RG. v. 28. Juni 1873, betr. die Registrirung und die Bezeichnung der Kauffahrteischiffe. (RGB. 1873 S. 184).
   c. Behufs Ausführung der zu a und b gedachten Gesetze hat der Bundesrath die vom Reichskanzler publizirten Vorschriften über die Registrirung und die Bezeichnung der Kauffahrteischiffe v. 13. Nov. 1873 erlassen. (RGB. 1873 S. 367).
   d. Bekanntmachung des Reichskanzlers, mit der (auf Grund des Art. 54 der Reichsverfassung vom Bundesrathe er-

¹) Vgl. v. Rönne's Staatsrecht des D. Reiches, 2. Aufl., Bd. II. Abth. 1 § 93 S. 206 ff.

laffenen) Schiffsvermeffungs=Ordn. v. 5. Juli 1872. (RGB. 1872 S. 270).

3. Ueber die Feststellung der Bedingungen, von welchen die Erlaubniß zur Führung eines Seeschiffes abhängig ist: Gewerbe=O. v. 21. Juni 1869 § 31 (BGB. 1869 S. 245) und Bekanntmachung des Bundeskanzlers v. 25. Sept. 1869 mit den Vorschriften über den Nachweis der Befähigung als Seeschiffer und Seesteuermann auf Deutschen Kauffahrteischiffen (BGB. 1869 S. 660 ff.), sowie Bekanntmachung des Reichskanzlers v. 30. Mai 1870 mit den „Anordnungen über das Prüfungsverfahren und über die Zusammensetzung der Prüfungs=kommissionen" für Seeschiffer und Seesteuerleute auf Deutschen Kauffahrteischiffen. (BGB. 1870 S. 314 ff.). Ueber die Zulaffung ehemaliger Offiziere ꝛc. der Kaiserlichen Marine als Seeschiffer und See=steuerleute auf Deutschen Kauffahrteischiffen vgl. die Bekanntmachung des Reichskanzlers v. 21. Dez. 1874, mit den Anordnungen des Bundesrathes über die Zulaffung ehemaliger Offiziere ꝛc. der Kaiserl. Marine als Seeschiffer und Seesteuerleute auf Deutschen Kauffahrtei=schiffen. (RGBl. 1875 S. 51).

Bgl. Anm. 3 ζ zum Art. 4 Nr. 1 der Reichsverfassung.

4. a. B. v. 7. Jan. 1880 zur Verhütung des Zusammenstoßens der Schiffe auf See (RGB. 1880 S. 1), durch welche die frühere B. v. 23. Dez. 1871 (RGB. 1871 S. 475) aufgehoben ist. Dazu: B. v. 16. Febr. 1881, betr. die Suspension des Art. 10 der B. v. 7. Jan. 1880 (RGB. 1881 S. 28).

   b. B. v. 15. Aug. 1876 über das Verhalten der Schiffer nach einem Zusammenstoß von Schiffen auf See. (RGB. 1876 S. 189).

   c. Noth= und Lootsen=Signalordnung für Schiffe auf See und auf den Küstengewässern v. 14. Aug. 1876. (RGB. 1876 S. 187).

5. Seemanns=Ordnung v. 27. Dez. 1872. (RGB. 1872 S. 409).

6. RG. v. 27. Dez. 1872, betr. die Verpflichtung Deutscher Kauf=fahrteischiffe zur Mitnahme hülfsbedürftiger Seeleute. (RGB. 1872 S. 482).

7. Strandungs=Ordnung v. 17. Mai 1874 (RGB. 1874 S. 73). Dazu: Bekanntmachung des Reichskanzlers v. 24. Nov. 1875 mit der

Instruktion des Bundesrathes zur Strandungs-Ordn. (RGBl. 1875 S. 750).

8. RG. v. 9. Jan. 1875, betr. die Deutsche Seewarte. (RGB. 1875 S. 11).

Dazu: V. v. 26. Dez. 1875, betr. den Geschäftsbetrieb, die Einrichtung und die Verwaltung der Deutschen Seewarte. (RGB. 1875 S. 385).

9. RG. v. 27. Juli 1877, betr. die Untersuchung von Seeunfällen. (RGB. 1877 S. 549).

Dazu:

α) RG. v. 11. Juni 1878 über die Anwendung der Bestimmungen dieses Gesetzes auf Maschinisten der Seedampfschiffe. (RGB. 1878 S. 109).

β) Bekanntmachung des Reichskanzlers v. 23. Nov. 1877, betr. die Mitwirkung von Konsulaten bei der Ausführung des Gesetzes v. 27. Juli 1877. (RGBl. 1877 S. 634).

In den Seehäfen und auf allen natürlichen und künstlichen Wasserstraßen der einzelnen Bundesstaaten werden die Kauffahrteischiffe sämmtlicher Bundesstaaten gleichmäßig zugelassen und behandelt. Die Abgaben, welche in den Seehäfen von den Seeschiffen oder deren Ladungen für die Benutzung der Schifffahrtsanstalten erhoben werden, dürfen die zur Unterhaltung und gewöhnlichen Herstellung dieser Anstalten erforderlichen Kosten nicht übersteigen.

RG. v. 22. Mai 1881, betr. die Küstenfrachtfahrt. (RGB. 1881 S. 97).

Dazu:

a. V. v. 29. Dez. 1881, betr. die Berechtigung fremder Flaggen zur Ausübung der Deutschen Küstenfrachtfahrt. (RGB. 1881 S. 275).

b. Bekanntmachung des Reichskanzlers v. 29. Dez. 1881, betr. die durch das Gesetz v. 22. Mai 1881 über die Küstenfracht-

fahrt nicht bewährten vertragsmäßigen Bestimmungen. RGB.
1881 S. 276).

Auf allen natürlichen Wasserstraßen dürfen Abgaben
nur für die Benutzung besonderer Anstalten, die zur
Erleichterung des Verkehrs bestimmt sind, erhoben werden.
Diese Abgaben, sowie die Abgaben für die Befahrung
solcher künstlichen Wasserstraßen, welche Staatseigenthum
sind, dürfen die zur Unterhaltung und gewöhnlichen
Herstellung der Anstalten und Anlagen erforderlichen
Kosten nicht übersteigen. Auf die Flößerei finden diese
Bestimmungen insoweit Anwendung, als dieselbe auf
schiffbaren Wasserstraßen betrieben wird.

1. Vgl. Art. 4 Nr. 8 u. 9 der Reichsverfassung.

2. BG. v. 11. Juni 1870 wegen Aufhebung der Elbzölle. (BGB.
1870 S. 416).

Vgl. Vertrag zwischen dem Norbb. Bunde und Oesterreich v.
22. Juni 1870, betr. die Aufhebung des Elbzolls. (BGB. 1870
S. 417).

3. BG. v. 1. Juni 1870 über die Abgaben von der Flößerei
(BGB. 1870 S. 312), nebst den V. v. 1. Juni 1870 (a. a. O. S. 314),
v. 19. Febr. 1871 (BGB. 1871 S. 31) und v. 18. Febr. 1874 (RGB.
1874 S. 14) zur Ausführung dieses Gesetzes. Auch gültig für Baden
und Südhessen, zuf. Art. 80 unter I. 23 der mit Baden und Hessen
vereinbarten Verf. (BGB. 1870 S. 647), für Württemberg, zuf. Art. 2
Nr. 6 des Vertr. v. 25. Nov. 1870 (BGB. 1870 S. 656) und für
Bayern (mit Zusätzen), zuf. § 8 des RG. v. 22. April 1871 (BGB.
1871 S. 89).

4. Vgl. G. v. 29. Jan. 1873, betr. die Aufhebung der Binnen-
schifffahrtsabgaben in Elsaß-Lothringen. (GB. f. Els.-Lothr. 1873 S. 59).

Auf fremde Schiffe oder deren Ladungen andere
oder höhere Abgaben zu legen, als von den Schiffen der

Bundesstaaten oder deren Ladungen zu entrichten sind, steht keinem Einzelstaate, sondern nur dem Reiche zu.

Artikel 55.

Die Flagge der Kriegs= und Handelsmarine ist schwarz=weiß=roth.

V. v. 25. Oft. 1867, betr. die Bundesflagge für Kauffahrteischiffe (BGB. 1867 S. 39), und Allerh. O. v. 4. Juli 1867 über die Flagge der Kriegsmarine (Hirth's Annal. des Norbb. Bundes, Bd. I S. 1042);

Allerh. genehmigtes Flaggen= und Salut=Regl. v. 24. Dez. 1867 (Berlin, bei F. Sittenfeld, 1868).

X. Konsulatwesen [1]).

Artikel 56.

Das gesammte Konsulatwesen des Deutschen Reichs steht unter der Aufsicht des Kaisers, welcher die Konsuln, nach Vernehmung des Ausschusses des Bundesrathes für Handel und Verkehr, anstellt.

In dem Amtsbezirk der Deutschen Konsuln dürfen neue Landeskonsulate nicht errichtet werden. Die Deutschen Konsuln üben für die in ihrem Bezirk nicht vertretenen Bundesstaaten die Funktionen eines Landeskonsuls aus. Die sämmtlichen bestehenden Landeskonsulate werden auf= gehoben, sobald die Organisation der Deutschen Konsulate dergestalt vollendet ist, daß die Vertretung der Einzel=

---

[1]) Vgl. v. Rönne's Staatsrecht des D. Reiches, 2. Aufl., Bd. II. Abth. 1 § 94 S. 224 ff.

interessen aller Bundesstaaten als durch die Deutschen Konsulate gesichert von dem Bundesrathe anerkannt wird.

1. Bgl. Art. 4 Nr. 7 der Reichsverfassung.

2. Ueber das Recht der einzelnen Bundesstaaten, auswärtige Konsuln bei sich zu empfangen und für ihr Gebiet mit dem Exequatur zu versehen, vgl. Schlußprotokoll zu dem Bertrage v. 23. Nov. 1870, betr. den Beitritt Bayerns zur Berf. des D. Bundes (BGB. 1871 S. 25) unter XII. [1])

3. BG. v. 8. Nov. 1867, betr. die Organisation der Bundeskonsulate sowie die Amtsrechte und Pflichten der Bundeskonsuln (BGB. 1867 S. 137—156). Auch gültig für Baden und Südhessen, zuf. Art. 80 unter I. 4 der mit Baden und Hessen vereinbarten Berf. (BGB. 1870 S. 647), für Württemberg, zuf. Art. 2 Nr. 6 des Bertr. v. 25. Nov. 1870 (BGB. 1870 S. 656) und für Bayern (mit einem Zusatz[2]), zuf. § 3 des RG. v. 22. April 1871 (BGB. 1871 S. 88).

Bgl. BG. v. 4. Mai 1870, betr. die Eheschließung und die Beurkundung des Personenstandes von Bundesangehörigen im Auslande (BGB. 1870 S. 599). Bgl. dazu unten Anlage IX. unter I. 7.

4. RG. v. 25. März 1880, betr. die Schiffsmeldungen bei den Konsulaten des Deutschen Reichs. (RGB. 1880 S. 181).

Dazu: B. v. 28. Juli 1880, betr. die Schiffsmeldungen bei den Konsulaten des Deutschen Reichs (RGB. 1880 S. 183), und B. des Reichskanzlers v. 15. Nov. 1880, betr. die Ausführung des G. v. 25. März 1880 und der B. v. 28. Juli 1880. (RGB. 1880 S. 804).

5. a. RG. v. 10. Juli 1879, über die Konsulargerichtsbarkeit. (RGB. 1879 S. 197). Dazu: Instr. des Reichskanzlers v. 10. Sept. 1879 zur Ausführung des G. v. 10. Juli 1879. (RCBL 1879 S. 575).

   b. RG. v. 30. März 1874, betr. die Einschränkung der Gerichtsbarkeit der Deutschen Konsuln in Egypten (RGB. 1874 S. 23).

---

[1]) Bgl. unten Anlage VII.

[2]) Dieser Zusatz ist durch den § 48 des RGB. v. 10. Juli 1879 (RGB. 1879 S. 205) aufgehoben.

Dazu:

α) V. v. 23. Dez. 1875, betr. die Einschränkung der Gerichtsbarkeit der Deutschen Konsuln in Egypten (RGB. 1875 S. 381).

β) RG. v. 5. Juni 1880, betr. die Konsulargerichtsbarkeit in Egypten. (RGB. 1880 S. 145).

γ) V. v. 23. Dez. 1880, betr. die Konsulargerichtsbarkeit in Egypten (RGB. 1880 S. 192).

c. RG. v. 7. Juni 1880, betr. die Konsulargerichtsbarkeit in Bosnien und der Herzegowina (RGB. 1880 S. 146). Dazu: V. v. 23. Dez. 1880, betr. die Konsulargerichtsbarkeit in Bosnien und der Herzegowina. (RGB. 1880 S. 191).

6. a. RG. v. 1. Juli 1872, betr. die Gebühren und Kosten bei den Konsulaten des Deutschen Reichs. (RGB. 1872 S. 245).

b. V. v. 23. April 1879, betr. die Tagegelder, die Fuhrkosten und die Umzugskosten der gesandtschaftlichen und Konsularbeamten. (RGB. 1879 S. 127).

7. a. Allgem. Dienstinstruktion für die Konsuln des Deutschen Reiches v. 6. Juni 1871. (In Hirth's Annal. des D. Reichs Bd. 4 [1871] S. 607.) Nachtrag dazu v. 22. Febr. 1873 (in Hänel und Lesse Gesetzgeb. des D. Reichs über Konsularwesen S. 44—89).

b. V. v. 23. April 1879, betr. den Urlaub der gesandtschaftlichen und Konsularbeamten und deren Stellvertretung. (RGB. 1879 S. 134).

XI. Reichskriegswesen [1]).

1. Vgl. Art. 4 Nr. 14 der Reichsverfassung.

2. G. v. 23. Juni 1872, betr. die Einführung von Bestimmungen über das Reichskriegswesen in Elsaß-Lothringen. (RGB. 1872 S. 31, GB. f. Els.-Lothr. 1872 S. 83).

---

[1]) Vgl. v. Rönne's Staatsrecht des D. Reiches, 2. Aufl., Bd. II. Abth. 2 §§ 107—120 S. 111 ff.

[Zuf. § 1 dieses Gesetzes sind die Art. 57, 58, 59, 61, 63, 64 und 65 der Reichsverfassung in Elsaß-Lothringen in Kraft gesetzt worden.]

Artikel 57.

Jeder Deutsche ist wehrpflichtig und kann sich in Ausübung dieser Pflicht nicht vertreten lassen.

1. BG. v. 9. Nov. 1867, betr. die Verpflichtung zum Kriegsdienste. (BGB. 1867 S. 131.) Auch gültig für Baden und Hessen, zuf. Art. 80 unter I. 5 der mit diesen Staaten vereinbarten Verf. (BGB. 1870 S. 647), für Württemberg, zuf. Art. 2 Nr. 6 des Vertr. v. 25. Nov. 1870 (BGB. 1870 S. 656), für Bayern (mit Vorbehalten), zuf. RG. v. 24. Nov. 1871 (RGB. 1871 S. 398), und für Elsaß-Lothringen, zuf. § 2 des G. v. 23. Jan. 1872 (RGB. 1872 S. 81, GB. f. Elf.-Lothr. 1872 S. 83).

2. Vgl. Art. 58 Abs. 4 u. 5 der Reichsverfassung.

Artikel 58.

Die Kosten und Lasten des gesammten Kriegswesens des Reichs sind von allen Bundesstaaten und ihren Angehörigen gleichmäßig zu tragen, so daß weder Bevorzugungen, nach Prägravationen einzelner Staaten oder Klassen grundsätzlich zulässig sind. Wo die gleiche Vertheilung der Lasten sich in natura nicht herstellen läßt, ohne die öffentliche Wohlfahrt zu schädigen, ist die Ausgleichung nach den Grundsätzen der Gerechtigkeit im Wege der Gesetzgebung festzustellen.

RG. v. 11. Nov. 1871, betr. die Bildung eines Reichskriegsschatzes. (RGB. 1871 S. 403).

Dazu: B. v. 22. Jan. 1874, betr. die Verwaltung des Reichskriegsschatzes. (RGB. 1874 S. 9).

Artikel 59.

Jeder wehrfähige Deutsche gehört sieben Jahre lang, in der Regel vom vollendeten 20. bis zum beginnenden 28. Lebensjahre, dem stehenden Heere — und zwar die ersten drei Jahre bei den Fahnen, die letzten vier Jahre in der Reserve — und die folgenden fünf Lebensjahre der Landwehr an. In denjenigen Bundesstaaten, in denen bisher eine längere als zwölfjährige Gesammt= dienstzeit gesetzlich war, findet die allmälige Herabsetzung der Verpflichtung nur in dem Maaße statt, als dies die Rücksicht auf die Kriegsbereitschaft des Reichsheeres zuläßt.

In Bezug auf die Auswanderung der Reservisten sollen lediglich diejenigen Bestimmungen maßgebend sein, welche für die Auswanderung der Landwehrmänner gelten.

Vgl. BG. v. 9. Nov. 1867, betr. die Verpflichtung zum Kriegs= dienste (BGB. 1867 S. 131) § 15, BG. v. 1. Juni 1870 über die Erwerbung und den Verlust der Bundes= und Staatsangehörigkeit (BGB. 1870 S. 355) §§ 15 und 17, und Strafgesetzbuch für das Deutsche Reich (RGB. 1876 S. 40) §§ 140 u. 360 Nr. 3.

Artikel 60.

Die Friedenspräsenzstärke des Deutschen Heeres wird bis zum 31. Dez. 1871. auf Ein Prozent der Be= völkerung von 1867. normirt, und wird pro rata der= selben von den einzelnen Bundesstaaten gestellt. Für die spätere Zeit wird die Friedens=Präsenzstärke des Heeres im Wege der Reichsgesetzgebung festgestellt[1].

---

[1] Vgl. hierzu v. Rönne's Staatsrecht des D. Reiches, 2. Aufl., Bd. II. Abth. 1 § 88 S. 148 ff.

RG. v. 9. Dez. 1871, betr. die Friedenspräsenzstärke des Deutschen Heeres und die Ausgaben für die Verwaltung desselben für die Jahre 1872, 1873 und 1874. (RGB. 1871 S. 411).

Reichs-Militairgesetz v. 2. Mai 1874 § 1 (Verlängerung der Friedenspräsenzstärke des Heeres für die Zeit v. 1. Jan. 1875 bis zum 31. Dez. 1881). (RGB. 1874 S. 45).

RG. v. 6. Mai 1880, betr. Ergänzungen und Aenderungen des Reichs-Militairgesetzes v. 2. Mai 1874 Art. I. § 1 (RGB. 1880 S. 103). [Feststellung der Friedenspräsenzstärke des Heeres an Mannschaften für die Zeit v. 1. April 1881 bis zum 31. März 1888 auf auf 427 274 Mann].

Artikel 61.

Nach Publikation dieser Verfassung ist in dem ganzen Reiche die gesammte Preußische Militairgesetz-gebung ungesäumt einzuführen, sowohl die Gesetze selbst, als die zu ihrer Ausführung, Erläuterung oder Er-gänzung erlassenen Reglements, Instruktionen und Re-skripte, namentlich also das Militair-Strafgesetzbuch vom 3. April 1845., die Militair-Strafgerichtsordnung v. 3. April 1845., die Verordnung über die Ehrengerichte v. 20. Juli 1843., die Bestimmungen über Aushebung, Dienstzeit, Servis- und Verpflegungswesen, Einquar-tierung, Ersatz von Flurbeschädigungen, Mobilmachung u. s. w. für Krieg und Frieden. Die Militair-Kirchen-ordnung ist jedoch ausgeschlossen.

Nach gleichmäßiger Durchführung der Kriegsor-ganisation des Deutschen Heeres wird ein umfassendes Reichs-Militairgesetz dem Reichstage und dem Bundes-rathe zur verfassungsmäßigen Beschlußfassung vorgelegt werden.

1. Auf Grund des Art. 61 Abs. 1 der Reichsverfassung sind folgende Verordn. des Präsidiums des Norbb. Bundes ergangen:

a. V. v. 7. Nov. 1867, betr. die Einführung Preuß. Militair= gesetze im ganzen Bundesgebiete. (BGB. 1867 S. 125 [1]).

b. V. v. 29. Dez. 1867, betr. die Einführung des Preuß. Militair= strafrechts im ganzen Bundesgebiete (BGB. 1867 S. 185), welcher für das Gebiet des Norbb. Bundes erlassenen V. eine Zusammenstellung der das geltende Preuß. Militairstraf= recht enthaltenden Gesetze, Verordnungen und Erlasse bei= gefügt ist.

Zus. V. v. 24. Nov. 1871 sind die Bestimmungen der V. v. 29. Dez. 1867 auch für Baden in Kraft gesetzt worden. (RGB. 1871 S. 401).

Vgl. G. v. 6. Dez. 1873, betr. die Einführung der Preuß. Militairstrafrechts=Ordn. in Elsaß=Lothringen. (GB. f. Elf.= Lothr. 1873 S. 331).

c. V. v. 22. Dez. 1868, betr. die Einführung der in Preußen geltenden Vorschriften über die Heranziehung der Militair= personen zu Kommunalauflagen im ganzen Bundesgebiete. (BGB. 1868 S. 571).

2. Bundes= und Reichsgesetze in Betreff des Militairwesens.

---

[1]) Die durch diese V. im ganzen Norbb. Bundesgebiete ein= geführten Preuß. Militärgesetze sind demnächst zum größten Theile durch Reichsgesetze ersetzt worden. Das darunter auch begriffene G. v. 27. Febr. 1850, betr. die Unterstützung der bedürftigen Familien zum Dienste einberufener Reserve= und Landwehrmannschaften (Preuß. GS. 1850 S. 70), ist, zuf. des Bundes=G. v. 8. April 1868 (BGB. 1868 S. 38), auch auf die bedürftigen Familien der zum Dienste einberufenen Ersatzmannschaften für anwendbar erklärt, und hat zuf. des RG. v. 22. Nov. 1871 (RGB. 1871 S. 399) auch für Baden Geltung erlangt. Vgl. dazu: RG. v. 4. Dez. 1871, betr. den Ersatz der den bedürftigen Familien zum Dienste einberufener Reserven und Landwehrmannschaften gewährten oder noch zu gewährenden gesetzlichen Unterstützungen. (RGB. 1871 S. 407).

a. α) BG. v. 9. Nov. 1867, betr. die Verpflichtung zum Kriegsdienste (BGB. 1867 S. 131), zum Reichsgesetze erklärt.
Vgl. Anm. 1 zum Art. 57 der Reichsverfassung.

β) Reichs = Militairgesetz v. 2. Mai 1874 (RGB. 1874 S. 45)
und RG. v. 6. Mai 1880, betr. Ergänzungen und Abänderungen des Reichs=Militairgesetzes v. 2. Mai 1874. (RGB.
1880 S. 103).

γ) RG. v. 12. Febr. 1875 über den Landsturm. (RGB. 1875
S. 63).

δ) RG. v. 15. Febr. 1875, betr. die Ausübung der militairischen
Kontrole über die Personen des Beurlaubtenstandes, die
Uebungen derselben, sowie die gegen sie zulässigen Dis-
ziplinarstrafmittel. (RGB. 1875 S. 65).

ε) Allerh. O. v. 28. Sept. 1875 mit der Deutschen Wehrordnung
und der Heerordnung. (RGBl. 1875 Nr. 41 S. 584 ff. und
in dem Werke: Die Militairgesetze des D. Reiches [Berlin,
1876] Bd. I. Lief. 3 S. 122 ff.). Dazu: Allerh. O. v. 31. Aug.
1880 mit Ergänzungen und Aenderungen der Wehrordnung
v. 28. Sept. 1875 (RGBl. 1880 S. 573, Preuß. Min. Bl. d.
i. B. 1880 S. 288) und Allerh. O. v. 26. Aug. 1880 mit Ergänzungen und Aenderungen der Heerordnung. (Preuß.
Min. Bl. d. i. B. 1881 S. 120 ff.).

b. RG. v. 30. Juni 1873, betr. die Bewilligung von Wohnungs-
geldzuschüssen an Offiziere und Aerzte des Reichsheeres und der
Kaiserl. Marine, sowie an die Reichsbeamten. (RGB. 1873 S. 165).
Vgl. Anm. II. 2 zum Art. 18 der Reichsverfassung.

c. α) RG. v. 27. Juni 1871, betr. die Pensionirung und Versorgung der Militairpersonen des Reichsheeres und der
Kaiserlichen Marine, sowie die Bewilligung für die Hinter-
bliebenen solcher Personen. (RGB. 1871 S. 275).

RG. v. 4. April 1874, betr. einige Abänderungen und Ergänzungen des G. v. 27. Juni 1871 über die Pensionirung
und Versorgung der Militairpersonen 2c. (RGB. 1874 S. 25).

Diese beiden Gesetze gelten auch für Elsaß=Lothringen,
zuf. RG. v. 8. Febr. 1875. (RGB. 1875 S. 69, GB. f. Els.-
Lothr. 1875 S. 9).

Vgl. dazu die Ausführungsbestimmungen des Preuß. Kriegs= und Marine=Min. v. 18. Aug. 1871 (Preuß. Armee= verordn.=Bl. 1871 S. 227) und des Bundesrathes v. 22. Febr. 1875 (RGBl. 1875 S. 142 und Preuß. Armeeverordn.=Bl. 1875 S. 68).

RG. v. 30. März 1880, betr. eine Ergänzung des Gesetzes v. 27. Juli 1871 über die Pensionirung und Versorgung der Militärpersonen rc. (RGB. 1880 S. 99).

β) RG. v. 23. Mai 1873, betr. die Gründung und Verwaltung des Reichsinvalidenfonds. (RGB. 1873 S. 117).

Dazu:

$\alpha\alpha$) RG. v. 23. Febr. 1876, wegen Abänderung des G. v. 23. Mai 1873, betr. die Gründung und Verwaltung des Reichsinvalidenfonds. (RGB. 1876 S. 24).

$\beta\beta$) RG. v. 11. Mai 1877, wegen Abänderung des G. v. 23. Mai 1873, betr. die Gründung und Verwaltung des Reichsinvalidenfonds. (RG. 1877 S. 495).

$\gamma\gamma$) RG. v. 30. März 1879, wegen Abänderung der Gesetze v. 28. Febr. 1876 und v. 23. Mai 1873, betr. die Verwal= tung des Reichsinvalidenfonds. (RGB. 1879 S. 119).

$\delta\delta$) RG. v. 2. Juni 1878, betr. die Gewährung einer Ehren= zulage an die Inhaber des Eisernen Kreuzes von 1870/71 [aus dem Reichsinvalidenfonds]. (RG. 1878 S. 99). — Dazu: Allerh. Erl. v. 19. Nov. 1878, betr. die Bestim= mung derjenigen militairischen Dienstauszeichnungen, welche außer dem Preuß. Militairehrenzeichen zweiter Klasse neben dem Besitze des Eisernen Kreuzes zweiter Klasse zum Bezuge der Ehrenzulage nach Maßgabe des Gesetzes v. 2. Juni 1878 berechtigen. (RGB. 1878 S. 361).

$\varepsilon\varepsilon$) RG. v. 17. Juni 1878, betr. die Uebernahme bisher aus Landesfonds gezahlter Pensionen auf das Reich [Zahlung aus dem Reichsinvalidenfonds]. (RGB. 1878 S. 127).

$\zeta\zeta$) Bekanntmachung des Reichskanzlers v. 11. Juni 1874, betr. die Geschäftsanweisung für die Verwaltung des Reichsinvalidenfonds. (RGB. 1874 S. 104).

γ) BG. v. 14. Juni 1868, betr. die Bewilligung von lebenslänglichen Pensionen und Unterstützungen an Offiziere und obere Militairbeamte der vormaligen Schleswig-Holsteinischen Armee, sowie an deren Wittwen und Waisen. (BGB. 1868 S. 335).

BG. v. 8. März 1870, betr. die Bewilligung von lebenslänglichen Pensionen und Unterstützungen an Militairpersonen der Unterklassen der vormaligen Schleswig-Holsteinischen Armee, sowie an deren Wittwen und Waisen. (BGB. 1870 S. 89).

Vgl. dazu die Ausführungsbestimmungen v. 8. Mai 1870 (Preuß. Min.-Bl. der inn. Verwalt. 1870 S. 219).

Beide Gesetze gelten auch für die Süddeutschen Staaten, zuf. Art. 80 unter I. Ziffer 9 u. 21 der mit Baden und Hessen vereinbarten Verf. (BGB. 1870 S. 647), der Art. 1 u. 2 Nr. 6 des Bündnißvertrages mit Württemberg v. 25. Nov. 1870 (a. a. O. S. 656) und des § 2 unter I. Nr. 5 u. 11 des RG. v. 22. April 1871 (BGB. 1871 S. 87).

Bezüglich der Uebernahme dieser Pensionen und Unterstützungen auf den Reichsinvalidenfonds vgl. das RG. v. 17. Juni 1878. (RGB. 1878 S. 127).

d. Naturalleistungen für die bewaffnete Macht.

α) BG. v. 25. Juni 1868, betr. die Quartierleistung für die bewaffnete Macht während des Friedenszustandes, nebst Regulativ für die Quartierbedürfnisse, Servistarif und Klasseneintheilung der Orte. (BGB. 1868 S. 523 ff.[1]).

Abänderungen der Klasseneintheilung: Allerh. Erl. v.

---

[1] In Hessen südlich des Mains ist das BG. v. 25. Juni 1868 auf Grund des Art. 2 Abs. 2 der Militärkonvention zwischen Hessen und Preußen v. 7. April 1867 durch das Hessische Landesgesetz v. 11. Aug. 1869 (Großherzogl. Hessisches Reg.-Bl. 1869 S. 617) eingeführt worden.

26. April 1869 (BGB. 1869 S. 130), und Allerh. Erl.
v. 17. März 1870 (BGB. 1870 S. 52).

Dazu: Allerh. Erl. v. 31. Dez. 1868 mit der Instruktion
zur Ausführung des Bundesgesetzes wegen der Quartier=
leistung rc. v. 25. Juni 1868 (BGB. 1869 S. 1), und Allerh.
Erl. v. 3. Sept. 1870, betr. die Abänderung des § 15 der
Instruktion (BGB. 1870 S. 514).

RG. v. 22. Nov. 1871, betr. die Einführung des G. des
Nordd. Bundes über die Quartierleistung für die bewaffnete
Macht während des Friedenszustandes v. 25. Juni 1868 in
Baden. (RGB. 1871 S. 400).

G. v. 14. Juli 1871 (für Elsaß=Lothringen), betr. die
Quartierleistung für die bewaffnete Macht und die Natural=
verpflegung der Truppen im Frieden. (GB. f. Els.=Lothr.
1871 S. 187).

RG. v. 9. Febr. 1875, betr. die Einführung des Gesetzes
des Nordd. Bundes über die Quartierleistung für die be=
waffnete Macht während des Friedenszustandes v. 25. Juni
1868 im Königreiche Bayern. (RGB. 1875 S. 41).

RG. v. 9. Febr. 1875, betr. die Einführung des Gesetzes
über die Quartierleistung für die bewaffnete Macht während
des Friedenszustandes v. 25. Juni 1868 in Württemberg.
(RGB. 1875 S. 52).

RG. v. 3. Aug. 1878, betr. die Revision des Servistarifs
und der Klasseneintheilung der Orte. (RGB. 1878 S. 243).

B. v. 22. Febr. 1881, betr. die Aenderung der Klassen=
eintheilung einzelner Orte. (RGB. 1881 S. 35).

β) RG. v. 13. Febr. 1875 über die Naturalleistungen für die
bewaffnete Macht im Frieden. (RGB. 1875 S. 52).

Dazu: Allerh. Erl. v. 2. Sept. 1875 nebst der Instr.
zur Ausführung des G. v. 13. Febr. 1875 über die Natural=
leistungen für die bewaffnete Macht im Frieden (RGB.
1875 S. 261), und Allerh. Erl. v. 11. Juli 1878, betr. Ab=
änderungen und Ergänzungen der Instr. v. 2. Sept. 1875
(RGB. 1878 S. 229).

γ) RG. über die Kriegsleistungen, v. 13. Juni 1873 (RGB.

1878 S. 129). Auch gültig für Elsaß-Lothringen, zuf. G. v. 6. Okt. 1878. (GB. f. Els.-Lothr. 1873 S. 262).

Dazu: V. v. 1. April 1876, betr. die Ausführung des G. v. 13. Juni 1873 über die Kriegsleistungen. (RGB. 1876 S. 187).

e. RG. v. 21. Dez. 1871, betr. die Beschränkungen des Grundeigenthums in der Umgebung von Festungen. (RGB. 1871 S. 459). Auch gültig für Elsaß-Lothringen, zuf. G. v. 21. Febr. 1872. (RGB. 1872 S. 66, GB. f. Els.-Lothr. 1872 S. 183).

Dazu die Bekanntmachungen, betr. die Erweiterung von Festungsanlagen v. 26. Febr. 1872 (RGB. 1872 S. 56, GB. f. Els.-Lothr. 1872 S. 147), v. 1. Febr. 1873 (RGB. 1873 S. 39), v. 27. März 1873 (RGB. 1873 S. 58) und v. 7. Juni 1876 (RGB. 1876 S. 165) und v. 8. Jan. 1882 (RGB. 1882. S. 3.).

f. Militairstrafgesetzbuch für das Deutsche Reich v. 20. Juni 1872 (RGB. 1872 S. 174) und Einführungs-G. zum Militairstrafgesetzbuche für das Deutsche Reich, v. 20. Juni 1872. (RGB. 1872 S. 173). [Dazu: Druckfehlerberichtigung im RGB. 183. Beilage zu Stück 15 S. 188.]

Zur Anlage unter B. des Militairstrafgesetzbuches v. 20. Juni 1872: V. v. 29. Juni 1880, betr. die Klasseneintheilung der Militairbeamten des Reichsheeres und der Marine. (RGB. 1880 S. 169).

g. RG. v. 22. Juni 1871, betr. die Verleihung von Dotationen in Anerkennung hervorragender im letzten Kriege erworbener Verdienste. (RGB. 1871 S. 307).

h. Allerh. Erl. v. 20. Mai 1871, betr. die Stiftung einer Kriegsdenkmünze für die Feldzüge 1870 und 1871 (nebst Stiftungsstatut). (RGB. 1871 S. 111).

Erweiterungen des Stiftungsstatuts: RGB. 1871 S. 113 und 1872 S. 84.

RG. v. 24. Mai 1871, betr. die (Kosten der) Kriegsdenkmünze für die bewaffnete Macht des Reichs. (RGB. 1872 S. 103).

i. RG. v. 31. Mai 1877, betr. die Verwendung eines Theiles des Reingewinns aus dem von dem großen Generalstabe re-

digirten Werke „Der Deutsch-Französische Krieg 1870/1871."
(RGB. 1877 S. 523). Dazu: Allerh. Erl. v. 21. März 1878,
betr. die Generalstabsstiftung (mit dem Statut derselben). (RGB.
1878 S. 13).

Artikel 62 [1]).

Zur Bestreitung des Aufwandes für das gesammte
Deutsche Heer und die zu demselben gehörigen Einrichtungen sind bis zum 31. Dezember 1871. dem Kaiser
jährlich sovielmal 225 Thaler, in Worten zweihundert
fünf und zwanzig Thaler, als die Kopfzahl der Friedens-
stärke des Heeres nach Artikel 60. beträgt, zur Verfügung zu stellen. Vergl. Abschnitt XII [2]).

Nach dem 31. Dezember 1871. müssen diese Beiträge
von den einzelnen Staaten des Bundes zur Reichskasse fort-
gezahlt werden. Zur Berechnung derselben wird die im
Artikel 60. interimistisch festgestellte Friedens-Präsenzstärke
so lange festgehalten, bis sie durch ein Reichsgesetz abgeändert ist.

Die Verausgabung dieser Summe für das gesammte
Reichsheer und dessen Einrichtungen wird durch das
Etatsgesetz festgestellt.

Bei der Feststellung des Militair-Ausgabe-Etats wird
die auf Grundlage dieser Verfassung gesetzlich feststehende
Organisation des Reichsheeres zu Grunde gelegt.

---

[1]) Vgl. hierzu v. Rönne's Staatsrecht des D. Reiches, 2. Aufl.'
Bd. II. Abth. 1 § 88 S. 148 ff.

[2]) Vgl. Art. 70 und Schlußbestimmung zum XII. Abschn. der
Reichsverfassung.

1. Hinsichtlich der Zahlungen Badens vgl. Protokoll v. 15. Nov. 1870, betr. die Vereinbarung zwischen dem Nordd. Bunde, Baden und Hessen über Gründung des Deutschen Bundes (BGB. 1870 S. 650) unter 7 (zu Art. 62 der Verf.[1]); hinsichtlich Württembergs die Verhandlung v. 25. Nov. 1870 über den Beitritt Württembergs zur Verf. des Deutschen Bundes (BGB. 1870 S. 657[2]) und Art. 13 der Militairkonvention mit Württemberg v. 21. u. 25. Nov. 1870 (BGB. 1870 S. 658[3]).

Hinsichtlich der Feststellung der von Bayern auf sein Heer zu verwendenden Gesammtsumme vgl. den Bündnißvertrag mit Bayern v. 22. Nov. 1870. (BGB. 1871 S. 9) unter II.[4]).

2. RG. v. 9. Dez. 1871, betr. die Friedenspräsenzstärke des Deutschen Heeres und die Ausgaben für die Verwaltung desselben für die Jahre 1872, 1873 und 1874. (RGB. 1871 S. 411).

RG. v. 14. Juni 1873, betr. außerordentliche Ausgaben für die Jahre 1873 und 1874 zur Verbesserung der Lage der Unteroffiziere. (RGB. 1873 S. 139.)

3. Vgl. Art. 71 Abs. 2 der Reichsverfassung.

Artikel 63.

Die gesammte Landmacht des Reichs wird ein einheitliches Heer bilden, welches in Krieg und Frieden unter dem Befehle des Kaisers steht.

Die Regimenter rc. führen fortlaufende Nummern durch das ganze Deutsche Heer. Für die Bekleidung sind die Grundfarben und der Schnitt der Königlich Preußischen Armee maßgebend. Dem betreffenden Kontingentsherrn bleibt es überlassen, die äußeren Abzeichen (Kokarden rc.) zu bestimmen.

[1] Vgl. unten Anlage V.
[2] Vgl. unten Anlage VI.
[3] Vgl. unten Anlage XI.
[4] Vgl. unten Anlage X.

Der Kaiser hat die Pflicht und das Recht, dafür Sorge zu tragen, daß innerhalb des Deutschen Heeres alle Truppentheile vollzählig und kriegstüchtig vorhanden sind und daß Einheit in der Organisation und Formation, in Bewaffnung und Kommando, in der Ausbildung der Mannschaften, sowie in der Qualifikation der Offiziere hergestellt und erhalten wird. Zu diesem Behufe ist der Kaiser berechtigt, sich jederzeit durch Inspektionen von der Verfassung der einzelnen Kontingente zu überzeugen und die Abstellung der dabei vorgefundenen Mängel anzuordnen.

Der Kaiser bestimmt den Präsenzstand, die Gliederung und Eintheilung der Kontingente des Reichsheeres, so-wie die Organisation der Landwehr, und hat das Recht, innerhalb des Bundesgebietes die Garnisonen zu be-stimmen, sowie die kriegsbereite Aufstellung eines jeden Theils des Reichsheeres anzuordnen.

Behufs Erhaltung der unentbehrlichen Einheit in der Administration, Verpflegung, Bewaffnung und Aus-rüstung aller Truppentheile des Deutschen Heeres sind die bezüglichen künftig ergehenden Anordnungen für die Preußische Armee den Kommandeuren der übrigen Kon-tingente, durch den Artikel 8. Nr. 1. bezeichneten Ausschuß für das Landheer und die Festungen, zur Nachachtung in geeigneter Weise mitzutheilen.

Artikel 64.

Alle Deutsche Truppen sind verpflichtet, den Be=

fehlen des Kaisers unbedingte Folge zu leisten. Diese
Verpflichtung ist in den Fahneneid aufzunehmen.

Der Höchstkommandirende eines Kontingents, sowie
alle Offiziere, welche Truppen mehr als eines Kontingents
befehligen, und alle Festungskommandanten werden von
dem Kaiser ernannt. Die von Demselben ernannten
Offiziere leisten Ihm den Fahneneid. Bei Generalen
und den Generalstellungen versehenden Offizieren inner=
halb des Kontingents ist die Ernennung von der jedes=
maligen Zustimmung des Kaisers abhängig zu machen.

Der Kaiser ist berechtigt, Behufs Versetzung mit
oder ohne Beförderung für die von Ihm im Reichs=
dienste, sei es im Preußischen Heere, oder in anderen
Kontingenten zu besetzenden Stellen aus den Offizieren
aller Kontingente des Reichsheeres zu wählen.

Artikel 65.

Das Recht, Festungen innerhalb des Bundesgebietes
anzulegen, steht dem Kaiser zu, welcher die Bewilligung
der dazu erforderlichen Mittel, soweit das Ordinarium
sie nicht gewährt, nach Abschnitt XII. beantragt.

1. RG. v. 30. Mai 1873, betr. die Geldmittel zur Umgestaltung
und Ausrüstung von Deutschen Festungen. (RGB. 1873 S. 123).
[Reichs=Festungs=Baufonds.]

Vgl. RG. v. 8. Juli 1872, betr. die Französische Kriegskosten=
entschädigung. (RGB. 1872 S. 289).

2. Vgl. RG. v. 21. Dez. 1871, betr. die Beschränkungen des
Grundeigenthums in der Umgebung von Festungen. (RGB. 1871
S. 459). Vgl. Anm. 2o zum Art. 61 der Reichsverfassung.

Artikel 66 [1]).

Wo nicht besondere Konventionen ein Anderes be=
stimmen, ernennen die Bundesfürsten, beziehentlich die
Senate die Offiziere ihrer Kontingente, mit der Ein=
schränkung des Artikels 64. Sie sind Chefs aller ihren
Gebieten angehörenden Truppentheile und genießen die
damit verbundenen Ehren. Sie haben namentlich das
Recht der Inspizirung zu jeder Zeit und erhalten, außer
den regelmäßigen Rapporten und Meldungen über vor=
kommende Veränderungen, Behufs der nöthigen landes=
herrlichen Publikation, rechtzeitige Mittheilung von den
die betreffenden Truppentheile berührenden Avancements
und Ernennungen.

Auch steht ihnen das Recht zu, zu polizeilichen
Zwecken nicht blos ihre eigenen Truppen zu verwenden,
sondern auch alle anderen Truppentheile des Reichs=
heeres, welche in ihren Ländergebieten bislocirt sind, zu
requiriren.

Artikel 67.

Ersparnisse an dem Militair=Etat fallen unter keinen
Umständen einer einzelnen Regierung, sondern jederzeit
der Reichskasse zu.

Artikel 68.

Der Kaiser kann, wenn die öffentliche Sicherheit in
dem Bundesgebiete bedroht ist, einen jeden Theil des=

---

[1]) Vgl. hierzu v. Rönne's Staatsrecht des D. Reiches, 2. Aufl.,
Bd. II. Abth. 2 § 107 S. 126 ff.

selben in Kriegszustand erklären. Bis zum Erlaß eines
die Voraussetzungen, die Form der Verkündigung und
die Wirkungen einer solchen Erklärung regelnden Reichs=
gesetzes gelten dafür die Vorschriften des Preußischen Ge=
setzes v. 4. Juni 1851 (Gesetz=Samml. für 1851. S. 451 ff.).

Vgl. § 4 des Einf.=G. v. 31. Mai 1870 zum Strafgesetzbuch für
den Nordd. Bund (BGB. 1870 S. 195) und für Bayern § 7 des
RG. v. 22. April 1871 (GB. 1871 S. 89).

Vgl. Militairstrafgesetzbuch für das D. Reich v. 20. Juni 1872
§ 9 (RGB. 1872 S. 175).

Schlußbestimmung zum XI. Abschnitt.

Die in diesem Abschnitt enthaltenen Vorschriften
kommen in Bayern nach näherer Bestimmung des Bünd=
nißvertrages vom 23. November 1870. (Bundesgesetzbl.
1871. S. 9.) unter III. §. 5.[1]), in Württemberg nach
näherer Bestimmung der Militairkonvention v. 21./25. No=
vember 1870. (Bundesgesetzbl. 1870. S. 658.[2]) zur An=
wendung.

XII. Reichsfinanzen[3]).
Artikel 69.

Alle Einnahmen und Ausgaben des Reichs müssen
für jedes Jahr veranschlagt und auf den Reichshaus=
halts=Etat gebracht werden. Letzterer wird vor Beginn

---

[1]) Vgl. unten Anlage X.
[2]) Vgl. unten Anlage XII.
[3]) Vgl. v. Rönne's Staatsrecht des D. Reiches, 2. Aufl., Bd. II.
Abth. 1 §§ 70—91 S. 65 ff.

des Etatsjahres nach folgenden Grundsätzen durch ein Gesetz festgestellt.

R®. v. 29. Febr. 1876, betr. das Etatsjahr für den Reichshaushalt. (RGB. 1876 S. 121).

G. v. 18. März 1878, betr. die Verlegung des Etatsjahres für das öffentliche Rechnungswesen in Elsaß-Lothringen. (GB. f. Elj.-Lothr. 1878 S. 7).

Artikel 70.

Zur Bestreitung aller gemeinschaftlichen Ausgaben dienen zunächst die etwaigen Ueberschüsse der Vorjahre, sowie die aus den Zöllen, den gemeinschaftlichen Verbrauchssteuern und aus dem Post- und Telegraphenwesen fließenden gemeinschaftlichen Einnahmen. Insoweit dieselben durch diese Einnahmen nicht gedeckt werden, sind sie, so lange Reichssteuern nicht eingeführt sind, durch Beiträge der einzelnen Bundesstaaten nach Maßgabe ihrer Bevölkerung aufzubringen, welche bis zur Höhe des budgetmäßigen Betrages durch den Reichskanzler ausgeschrieben werden.

1. Ad v.: Reichssteuern.

a. Wechselstempelsteuer:

α) B®. v. 10. Juni 1869, betr. die Wechselstempelsteuer im Norbb. Bunde. (BGB. 1869 S. 193). Auch gültig für Baden und Südhessen, zuf. Art. 80 unter I. ib. der mit Baden und Hessen vereinbarten Verf. (BGB. 1870 S. 647), für Württemberg, zuf. Art. 6 Nr. 6 des Vertrages mit Württemberg v. 25. Nov. 1870 (BGB. 1870 S. 656), für Bayern, zuf. § 4 des R®. v. 22. April 1871 (BGB. 1871 S. 88), für die Hohenzollernschen Lande, zuf. Art. 80 unter II. der mit Baden und Hessen vereinbarten Verf. (BGB. 1870 S. 647) und laut Bekanntmachung des Reichskanzlers v. 30. Dez.

1870 (BGB. 1870 S. 666) und für Elsaß-Lothringen, zuf. G. v. 14. Juli 1871 (GB. f. Els.-Lothr. 1871 S. 175).

Dazu: Bekanntmachungen des Bundes-, bezw. Reichskanzlers zur Ausführung des Gesetzes v. 13. Dez. 1869 (BGB. 1869 S. 691), v. 23. Juni 1871 (RGB. 1871 S. 267) und v. 13. Dez. 1874 (RGB. 1874 S. 148) und für Elsaß-Lothringen Bekanntmachung v. 27. Juni 1871 (GB. f. Els.-Lothr. 1871 S. 183).

Ueber den Debit der Wechselstempelmarken und gestempelten Blankets zur Entrichtung der Wechselstempelsteuer, sowie das Verfahren bei Erstattung verdorbener Stempelmarken und Blankets: Bekanntmachungen des Bundes-, bezw. Reichskanzlers v. 13. Dez. 1869 (BGB. 1869 S. 695), 21. Febr. 1870 (BGB. 1870 S. 36), 11. Aug. 1871 (RGB. 1871 S. 323) und 11. Juli 1873 (RGB. 1873 S. 295), und für Elsaß-Lothringen: Bekanntmachung v. 3. Aug. 1871 (GB. f. Els.-Lothr. 1871 S. 245) und v. 30. Juli 1873 (a. a. O. 1873 S. 184).

β) RG. v. 4. Juni 1879, wegen Abänderung des Gesetzes v. 10. Juni 1869, betr. die Wechselstempelsteuer. (RGB. 1879 S. 151).

Dazu: Bekanntmachung des Reichskanzlers v. 13. Juni 1879, betr. die Ausgabe neuer Stempelmarken und gestempelter Blankets zur Entrichtung der Wechselstempelsteuer (RGB. 1879 S. 153); Bekanntmachung des Reichskanzlers v. 24. März 1880, betr. den Umtausch und die Einlösung der vor dem 1. Juli 1879 ausgegebenen Stempelmarken und gestempelten Blankets zur Entrichtung der Wechselstempelsteuer (RGB. 1880 S. 94); Bekanntmachung des Reichskanzlers v. 16. Juli 1881, betr. die Abänderung der Vorschriften über die Verwendung der Wechselstempelmarken (RGB. 1881 S. 245); Bekanntmachung des Reichskanzlers v. 22. Nov. 1881, betr. die Ausgabe neuer Stempelmarken zur Entrichtung der Wechselstempelsteuer (RGB. 1881 S. 271).

Bekanntmachung des Reichskanzlers v. 12. Nov. 1879, betr. die Berechnung der Wechselstempelabgabe von den in außerdeutschen Währungen ausgedrückten Wechselsummen (RGBl. 1879 S. 668).

b. Spielkartenstempelsteuer:

RG. v. 3. Juli 1878, betr. den Spielkartenstempel. (RGB. 1878 S. 133).

Zur Ausführung dieses Gesetzes ergangene Bekanntmachungen des Reichskanzlers v. 6. Juli 1878 (RGBl. 1878 S. 403), v. 2. Nov. 1878 (a. a. O. S. 614), v. 11. Nov. 1878 (a. a. O. S. 623), v. 15. April 1879 (RGBl. 1879 S. 286), v. 24. April 1879 (a. a. O. S. 327), v. 2. Mai 1879 (a. a. O. S. 339), v. 15. Juli 1879 (a. a. O. S. 489) und v. 7. Aug. 1879 (a. a. O. S. 516).

Verzeichniß der im D. Reiche zur Abstempelung von Spielkarten dauernd befugten Zoll= und Steuerstellen im RGBl. 1880 S. 669.

c. Reichsstempelabgaben:

RG. v. 1. Juni 1881, betr. die Erhebung von Reichsstempelabgaben. (RGBl. 1881 S. 185).

Dazu: Ausführungsvorschriften des Bundesrathes v. 7. Juli 1881 zu dem Gesetze v. 1. Juli 1881 (RGBl. 1881 S. 283) und Bestimmungen des Bundesrathes v. 7. Juli 1881 über die Erhebung und Berechnung der nach dem Gesetze v. 1. Juli 1881 zu entrichtenden Reichsstempelabgaben (a. a. O. S. 304).

Verzeichniß derjenigen Steuerstellen, welche zur Erhebung der Reichsstempelabgaben und zur Abstempelung von ausländischen Aktien, Noten und Schuldverschreibungen nach Maßgabe der Bestimmung unter „Ausnahmen" zu Ziffer 1 u. 2 des Tarifs zum Gesetze v. 1. Juli 1881 zuständig sind, im RGBl. 1881 S. 387.

d. RG. v. 8. Juni 1871, betr. die Inhaberpapiere mit Prämien (RGB. 1871 S. 210), § 4. [Vereinnahmung der Abstempelungsgebühr zur Reichskasse].

Vgl. unten Anlage IX. unter I. 2.

2. RG. v. 25. Mai 1873 über die Rechtsverhältnisse der zum dienstlichen Gebrauche einer Reichsverwaltung bestimmten Gegenstände. (RGB. 1873 S. 113). Auch gültig für Elsaß-Lothringen, zuf. G. v. 8. Dez. 1873. (GB. f. Els.=Lothr. 1873 S. 387).

8. RG. v. 14. Juni 1871, betr. den Erweiterungsbau für das
·Dienftgebäude des Reichskanzler-Amtes (RGB. 1871 S. 254) und
RG. v. 14. Juni 1873, betr. die Geldmittel zur Erweiterung der
Diensträume des auswärtigen Amtes (RG. 1873 S. 133), RG. v.
12. Juni 1873, betr. die Erweiterung der Dienftgebäude des Kriegs=
Minifteriums und Generalftabes in Berlin, sowie der Militair=,
Erziehungs= und Bildungsanftalten (RGB. 1873 S. 127), RG. v.
31. März 1874, betr. die Erwerbung eines Grundftück Behufs Er=
richtung eines Gebäudes für die Kaiferl. Botfchaft in Wien (RGB.
1874 S. 24), RG. v. 1. Mai 1874, betr. die Erwerbung eines Dienft=
gebäudes für das Reichseifenbahnamt (RGB. 1874 S. 39), RG. v.
25. Jan. 1875, betr. die Erwerbung von zwei in Berlin gelegenen
Grundftücken für das Reich (RGB. 1875 S. 17) und RG. v. 23. Mai
1877, betr. die Erwerbung von zwei in Berlin gelegenen Grund=
ftücken für das Reich (RGB. 1877 S. 500) nebft RG. v. 8. März
1878, betr. das dem Reiche gehörige, in der Boßftraße in Berlin ge=
legene Grundftück (RGB. 1878 S. 6), R.G. v. 15. Mai 1879, betr.
die Erwerbung der Königl. Preuß. Staatsdruckerei für das Reich
(RGB. 1879 S. 139).

Artikel 71.

Die gemeinfchaftlichen Ausgaben werden in der Regel
für ein Jahr bewilligt, können jedoch in befonderen
Fällen auch für eine längere Dauer bewilligt werden.

Während der im Artikel 60. normirten Uebergangs=
zeit ift der nach Titeln geordnete Etat über die Ausgaben
für das Heer dem Bundesrathe und dem Reichstage nur
zur Kenntnißnahme und zur Erinnerung vorzulegen.

Vgl. Anm. zum Art. 60 der Reichsverfaffung.

Artikel 72.

Ueber die Verwendung aller Einnahmen des Reichs
ift durch den Reichskanzler dem Bundesrathe und dem
Reichstage zur Entlaftung jährlich Rechnung zu legen.

Ueber die Kontrole des Reichshaushalts durch den Rechnungshof des Deutschen Reichs vgl. die in der Anm. I. 3 zum Art. 18 der Reichsverfassung allg. Gesetze.

Artikel 73.

In Fällen eines außerordentlichen Bedürfnisses kann im Wege die Reichsgesetzgebung die Aufnahme einer Anleihe, sowie der Uebernahme einer Garantie zu Lasten des Reichs erfolgen.

1. Anleihe=Gesetze.

a. BG. v. 9. Nov. 1867, betr. den außerordentlichen Geldbedarf des Nordd. Bundes zum Zwecke der Erweiterung der Bundeskriegs= marine und der Herstellung der Küstenvertheidigung (BGB. 1867 S. 157), nebst den abändernden Gesetzen v. 20. Mai 1869 (BGB. 1869 S. 187) und v. 6. April 1870 (BGB. 1870 S. 65).

b. Anleihen aus Anlaß des Krieges mit Frankreich: BG. v. 21. Juli 1870, betr. den außerordentlichen Geldbedarf der Militair= und Marineverwaltung (BGB. 1870 S. 491), G. v. 29. Nov. 1870, betr. den ferneren Geldbedarf für die Kriegführung (BGB. 1870 S. 619), RG. v. 26. April 1871, betr. die Beschaffung weiterer Geldmittel zur Bestreitung der durch den Krieg veranlaßten außerordentlichen Ausgaben (BGB. 1871 S. 91) und RG. v. 28. Okt. 1871, betr. die Zurückzahlung der auf Grund des Gesetzes v. 21. Juli 1870 aufgenommenen fünfprocentigen An= leihe (RGB. 1871 S. 343). Vgl. dazu den Schluß=Absatz des Protol. v. 15. Nov. 1870, betr. die Vereinbarung zwischen dem Nordd. Bunde, Baden und Hessen über Gründung des Deutschen Bundes (BGB. 1870 S. 650) und Schluß=Protol. zu dem Vertr. v. 23. Nov. 1870, betr. den Beitritt Bayerns zur Verf. des Deutschen Bundes (BGB. 1871 S. 23 ff.) unter XIII.

c. Reichsanleihen: RG. v. 27. Juni 1875, betr. die Aufnahme einer Anleihe für die Zwecke der Marine= und Telegraphenver= waltung (RGB. 1875 S. 18); RG. v. 3. Jan. 1876, betr. die Aufnahme einer Anleihe für Zwecke der Telegraphenverwaltung

(RGB. 1876 S. 1); RG. v. 3. Jan. 1877, betr. die Aufnahme
einer Anleihe für Zwecke der Poft= und Telegraphenverwaltung
(RGB. 1877 S. 1); RG. v. 10. Mai 1877, betr. die Aufnahme
einer Anleihe für Zwecke der Verwaltungen der Poft und Tele=
graphie, der Marine und des Reichsheeres (RGB. 1877 S. 494);
RG. v. 23. Mai 1877, betr. die Erwerbung von zwei in Berlin
gelegenen Grundftücken für das Reich (RG. 1877 S. 500); RG.
v. 21. Mai 1877, betr. den Bau einer Eifenbahn von Teterchen
bis zur Saarbahn bei Bouß und bei Völkelingen (RGB. 1877
S. 513). Dazu: Erl. v. 14. Juni 1877, betr. die Aufnahme
einer Anleihe. (RGB. 1877 S. 531).

Ferner: RG. v. 29. April 1878, betr. die Aufnahme einer An=
leihe für Zwecke der Verwaltungen der Poft und Telegraphie,
der Marine, des Reichsheeres und zur Durchführung der Münz=
reform (RGB. 1878 S. 87), RG. v. 12. Juni 1878, betr. die
Aufnahme einer Anleihe für Zwecke der Verwaltung des Reichs=
heeres (RGB. 1878 S. 105). Dazu: Allerh. Erl. v. 14. Juni
1878 (RGB. 1878 S. 125). — Ferner: RG. v. 30. März 1879,
betr. die Aufnahme einer Anleihe für Zwecke der Verwaltungen
der Poft und Telegraphie, der Marine, des Reichsheeres und
zur Durchführung der Münzreform (RGB. 1879 S. 121). Dazu
Allerh. Erl. v. 13. Juni 1879 (RGB. 1879 S. 152). Ferner:
RG. v. 26. März 1880, betr. die Aufnahme einer Anleihe für
Zwecke der Verwaltungen der Poft und Telegraphie, der Marine
und des Reichsheeres (RGB. 1880 S. 95). Dazu: Allerh. Erl.
v. 13. Oft. 1880 (RGB. 1880 S. 187). Ferner: RG. v. 28. März
1881, betr. die Aufnahme einer Anleihe für Zwecke der Ver=
waltungen der Poft und Telegraphie, der Marine und des Reichs=
heeres (RGB. 1881 S. 68). Dazu: Allerh. Erl. v. 25. April
1881 (a. a. D. S. 92) und Allerh. Erl. v. 12. Dez. 1881 (a. a. D.
S. 273).

2. BG. v. 11. Juni 1868, betr. die antheilige Uebernahme einer
Garantie des Nordd. Bundes für eine zur Herftellung der dauern=
den Fahrbarkeit des Sulinaarmes der Donaumündungen von der
Europäifchen Donaufchifffahrtskommiffion aufzunehmenden Anleihe.
BGB. 1869 S. 33).

3. BG. v. 31. Mai 1870, betr. die zur Herstellung der St. Gott=
hard=Eisenbahn von Seiten des Nordd. Bundes zu gewährende Sub=
vention (BGB. 1870 S. 312), aufgehoben durch das (an dessen Stelle
getretene) RG. v. 2. Nov. 1871, betr. die St. Gotthard=Eisenbahn
(RGB. 1871 S. 875).

Vgl. Uebereinkunft v. 15. Okt. 1869, Uebereinkunft v. 28. Okt.
1871 und Uebereinkunft v. 12. März 1878 zwischen Deutschland,
Italien und der Schweiz wegen Herstellung und Subventionirung
einer Eisenbahn über den St. Gotthard (RGB. 1871 S. 876 u. 878
u. 1879 S. 270).

Schlußbestimmung zum XII. Abschnitt.

Auf die Ausgaben für das Bayerische Heer finden
die Artikel 69. und 71. nur nach Maßgabe der in der
Schlußbestimmung zum XI. Abschnitt erwähnten Be=
stimmungen des Vertrages v. 23. November 1870. [1]) und der
Artikel 72. nur insoweit Anwendung, als dem Bundes=
rathe und dem Reichstage die Ueberweisung der für das
Bayerische Heer erforderlichen Summe an Bayern nach=
zuweisen ist.

XIII. Schlichtung von Streitigkeiten und Strafbestimmungen.

Artikel 74 [2]).

Jedes Unternehmen gegen die Existenz, die Integrität,
die Sicherheit oder die Verfassung des Deutschen Reichs,
endlich die Beleidigung des Bundesrathes, des Reichs=

---

[1]) Vgl. unten Anlage X.

[2]) Vgl. hierzu v. Rönne's Staatsrecht des D. Reiches, 2. Aufl.,
Bd. I. § 10 S. 81 ff.

v. Rönne, Reichsverfassung. 4. Aufl.   10

..... eines Mitgliedes des Bundesrathes oder des Reichstags, einer Behörde oder eines öffentlichen Be= amten des Reichs, während dieselben in der Ausübung ihres Berufes begriffen sind oder in Beziehung auf ihren Beruf, durch Wort, Schrift, Druck, Zeichen, bildliche oder andere Darstellung, werden in den einzelnen Bundes= staaten verfolgt und bestraft nach Maßgabe der in den letzteren bestehenden oder künftig in Wirksamkeit tretenden Gesetze, nach welchen eine gleiche gegen den einzelnen Bundesstaat, seine Verfassung, seine Kammern oder Stände, seine Kammer= oder Ständemitglieder, seine Behörden und Beamten begangene Handlung zu richten wäre.

Vgl. § 4 des Einführ. G. v. 31. Mai 1870 eines Strafgesetz= buches für den Norddd. Bund (BGB. 1870 S. 195) und die §§ 81, 93, 105, 196, 197, 339 des Strafgesetzbuches für das Deutsche Reich.

Artikel 75.

Für diejenigen in Artikel 74. bezeichneten Unter= nehmungen gegen das Deutsche Reich, welche, wenn gegen einen der einzelnen Bundesstaaten gerichtet, als Hochverrath oder Landesverrath zu qualifiziren wären, ist das gemeinschaftliche Ober=Appellationsgericht der drei freien und Hansestädte in Lübeck die zuständige Spruchbehörde in erster und letzter Instanz.

Die näheren Bestimmungen über die Zuständigkeit und das Verfahren des Ober=Appellationsgerichts er= folgen im Wege der Reichsgesetzgebung. Bis zum Erlasse eines Reichsgesetzes bewendet es bei der seitherigen

Zuständigkeit der Gerichte in den einzelnen Bundesstaaten und den auf das Verfahren dieser Gerichte sich beziehenden Bestimmungen.

Vgl. § 136 des Gerichtsverfassungs-G. v. 27. Jan. 1877. (RGB. 1877 S. 66).

Artikel 76 [1]).

Streitigkeiten zwischen verschiedenen Bundesstaaten, sofern dieselben nicht privatrechtlicher Natur und daher von den kompetenten Gerichtsbehörden zu entscheiden sind, werden auf Anrufen des einen Theils von dem Bundesrathe erledigt.

Verfassungsstreitigkeiten in solchen Bundesstaaten, in deren Verfassung nicht eine Behörde zur Entscheidung solcher Streitigkeiten bestimmt ist, hat auf Anrufen eines Theiles der Bundesrath gütlich auszugleichen oder, wenn das nicht gelingt, im Wege der Reichsgesetzgebung zur Erledigung zu bringen.

Vgl. RG. v. 14. März 1881, betr. die Zuständigkeit des Reichsgerichts für Streitfragen zwischen dem Senat und der Bürgerschaft der freien und Hansestadt Hamburg. (RGB. 1881 S. 37).

Artikel 77 [2]).

Wenn in einem Bundesstaate der Fall einer Justizverweigerung eintritt, und auf gesetzlichen Wegen ausreichende Hülfe nicht erlangt werden kann, so liegt dem

---

[1]) Vgl. hierzu v. Rönne's Staatsrecht des D. Reiches, 2. Aufl., Bd. I. § 23 S. 217 ff.

[2]) Vgl. hierzu v. Rönne's Staatsrecht des D. Reiches, 2. Aufl., Bd. I. § 19 S. 184 ff. u. § 23 S. 217.

Bundesrathe ob, erwiesene, nach der Verfassung und den bestehenden Gesetzen des betreffenden Bundesstaates zu beurtheilende Beschwerden über verweigerte oder gehemmte Rechtspflege anzunehmen, und darauf die gerichtliche Hülfe bei der Bundesregierung, die zu der Beschwerde Anlaß gegeben hat, zu bewirken.

XIV. Allgemeine Bestimmungen.

Artikel 78 [1]).

Veränderungen der Verfassung erfolgen im Wege der Gesetzgebung. Sie gelten als abgelehnt, wenn sie im Bundesrathe 14 Stimmen gegen sich haben.

Diejenigen Vorschriften der Reichsverfassung, durch welche bestimmte Rechte einzelner Bundesstaaten in deren Verhältniß zur Gesammtheit festgestellt sind, können nur mit Zustimmung des berechtigten Bundesstaates abgeändert werden.

1. Vgl. Prot. v. 15. Nov. 1870, betr. die Vereinbarung zwischen dem Nordd. Bunde, Baden und Hessen über Gründung des Deutschen Bundes, unter 8[2]) (BGB. 1870 S. 650 ff.), und Verhandlung v. 25. Nov. 1870 über den Beitritt Württembergs zu der zwischen dem Nordd. Bunde, Baden und Hessen vereinbarten Verf. des Deutschen Bundes[3]) (BGB. 1870 S. 657).

2. Die Vorschriften der Reichsverfassung, durch welche bestimmte

---

[1]) Vgl. hierzu v. Rönne's Staatsrecht des D. Reiches, 2. Aufl., Bd. II. Abth. 1 § 65 S. 18 ff.

[2]) Vgl. unten Anlage V.

[3]) Vgl. unten Anlage VI.

Rechte einzelner Bundesstaaten in deren Verhältniß zur Gesammtheit aufgestellt sind, sind folgende:

a. bezüglich Bayerns: Art. 4 Nr. 1, 8 u. 10, Art. 35, Art. 38,
Art. 46, Art. 52, Schlußbestimmung zum XI. u. XII. Abschn.;

b. bezüglich Württembergs: Art. 4 Nr. 10, Art. 8, Art. 35, Art. 38,
Art. 52, Schlußbestimmung zum XI. Abschn.;

c. bezüglich Badens: Art. 35, Art. 38;

d. bezüglich Sachsens: Art. 8;

e. bezüglich Hamburgs und Bremens: Art. 34.

Anlagen.

Anlage I.

Art. 80 der zwischen dem Norbb. Bunde und den Groß-herzogthümern Baden und Hessen vereinbarten Verfassung des Deutschen Bundes v. 15. Nov. 1870.

(BGB. 1870 S. 647.)

XV. Uebergangsbestimmung.
Artifel 80.

Die nachstehend genannten, im Norddeutschen Bunde ergangenen Gesetze werden zu Gesetzen des Deutschen Bundes erklärt und als solche von den nachstehend genannten Zeitpunkten an in das gesammte Bundesgebiet mit der Wirkung eingeführt, daß, wo in diesen Gesetzen von dem Norddeutschen Bunde, dessen Verfassung, Gebiet, Mitgliedern oder Staaten, Indigenat, verfassungsmäßigen Organen, Angehörigen, Beamten, Flagge u. s. w. die Rede ist, der Deutsche Bund und dessen entsprechende Beziehungen zu verstehen sind, nämlich:

I. vom Tage der Wirksamkeit der gegenwärtigen Verfassung an:

1) das G. über das Paßwesen, v. 12. Okt. 1867,
2) das G., betr. die Nationalität der Kauffahrteischiffe und ihre Befugniß zur Führung der Bundesflagge, v. 25. Okt. 1867,
3) das G. über die Freizügigkeit, v. 1. Nov. 1867,

4) das G., betr. die Organisation der Bundeskonsulate, sowie die Amtsrechte und Pflichten der Bundeskonsuln, v. 8. Nov. 1867,

5) das G., betr. die Verpflichtung zum Kriegsdienste, v. 9. Nov. 1867,

6) das G., betr. die vertragsmäßigen Zinsen, v. 14. Nov. 1867,

7) das G. über die Aufhebung der polizeilichen Beschränkungen der Eheschließung, v. 4. Mai 1868,

8) das G., betr. die Aufhebung der Schuldhaft, v. 29. Mai 1868,

9) das G., betr. die Bewilligung von lebenslänglichen Pensionen und Unterstützungen an Offiziere und obere Militairbeamte der vormaligen Schleswig=Holsteinischen Armee, sowie an deren Wittwen und Waisen, v. 14. Juni 1868,

10) das G., betr. die privatrechtliche Stellung der Erwerbs= und Wirthschafts=Genossenschaften, v. 4. Juli 1868,

11) die Maaß= und Gewichts=O. für den Nordd. Bund, v. 17. Aug. 1868,

12) das G., Maaßregeln gegen die Rinderpest betr., v. 7. April 1869,

13) das Wahl=G. für den Reichstag des Nordd. Bundes, v. 31. Mai 1869,

14) das G., betr. die Kautionen der Bundesbeamten, v. 2. Juni 1869,

15) das G., betr. die Einführung der Allgemeinen Wechselordnung, der Nürnberger Wechselnovellen und des Allgem. Deutschen Handelsgesetzbuchs als Bundesgesetze, v. 5. Juni 1869,

16) das G., betr. die Wechselstempelsteuer im Nordd. Bunde, v. 10. Juni 1869,

17) das G., betr. die Errichtung eines obersten Gerichtshofes für Handelssachen, v. 12. Juni 1869,

18) das G., betr. die Beschlagnahme des Arbeits= oder Dienst= lohnes, v. 21. Juni 1869,

19) das G., betr. die Gewährung der Rechtshülfe, v. 21. Juni 1869,

20) das G., betr. die Gleichberechtigung der Konfessionen in bürgerlicher und staatsbürgerlicher Beziehung, v. 3. Juli 1869,

21) das G., betr. die Bewilligung von lebenslänglichen Penfionen und Unterstützungen an Militairperfonen der Unterflaffen der vormaligen Schleswig-Holfteinifchen Armee, fowie an deren Wittwen und Waifen, v. 8. März 1870,

22) das G. wegen Befeitigung der Doppelbefteuerung, v. 13. Mai 1870,

23) das G. über die Abgaben von der Flößerei, v. 1. Juni 1870,

24) das G. über die Erwerbung und den Verluft der Bundes- und Staatsangehörigfeit, v. 1. Juni 1870,

25) das G., betr. das Urheberrecht an Schriftwerfen, Abbildungen, mufifalifchen Kompofitionen und dramatifchen Werfen, v. 11. Juni 1870,

26) das G., betr. die Kommanditgefellfchaften auf Attien und die Attiengefellfchaften, v. 11. Juni 1870,

27) das G. über die Ausgabe von Papiergeld, v. 16. Juni 1870,

28) das G. über die Befugniß der Bundeskonfuln zu Eheschließungen u. f. w., v. 4. Mai 1870;

II. vom 1. Jan. 1872 an, jedoch unbefchadet der früheren Geltung im Gebiete des Nordd. Bundes:

1) das G. über die Ausgabe von Banfnoten, v. 27. März 1870 und

mit Ausfchluß von Heffen füdlich des Main,

2) das Einführungs-G. zum Strafgefetzbuch für den Nordd. Bund, v. 31. Mai 1870,

3) das Strafgefetzbuch für den Nordd. Bund, v. 31. Mai 1870 und

4) die G. über das Poftwefen des Nordd. Bundes v. 2. Nov. 1867, über das Pofttarwefen im Gebiete des Nordd. Bundes v. 4. Nov. 1867, betr. die Einführung von Telegraphen-Freimarfen v. 16. Mai 1869 und betr. die Portofreiheiten im Gebiete des Nordd. Bundes v. 5. Juni 1869.

In Heffen, füdlich des Main, werden als Bundesgefetze eingeführt, und zwar:

vom Tage der Wirffamfeit diefer Verfaffung an:

das G., betr. die Schließung und Befchränfung der öffentlichen Spielbanfen, v. 1. Juli 1868,

das G., betr. die Einführung von Telegraphen=Freimarken, v.
16. Mai 1869,

die Gewerbe=O. für den Nordd. Bund, v. 21. Juni 1869,

das Einführungsgesetz zum Strafgesetzbuch für den Nordd. Bund,
v. 31. Mai 1870 und

das Strafgesetzbuch für den Nordd. Bund, v. 31. Mai 1870;

vom 1. Juli 1871 an:

das G. über den Unterstützungswohnsitz, v. 6. Juni 1870.

In die Hohenzollern'schen Lande wird vom Tage der Wirksam=
keit dieser Verfassung an eingeführt das G., betr. die Wechselstempel=
steuer im Nordd. Bunde, v. 10. Juni 1869.

Die Erklärung der übrigen im Nordd. Bunde ergangenen Ge=
setze zu Bundesgesetzen bleibt, soweit diese Gesetze sich auf Angelegen=
heiten beziehen, welche verfassungsmäßig der Gesetzgebung des Deut=
schen Bundes unterliegen, der Bundesgesetzgebung vorbehalten.

Anlage II.
Vertrag mit Bayern, v. 23. Nov. 1870 unter III. § 8.
(BGB. 1871 S. 21.)

Die unter Ziffer II. §. 26. dieses Vertrages aufgeführte Ueber=
gangsbestimmung des nunmehrigen Artikels 79. der Verfassung[1]) findet
auf Bayern in Anbetracht der vorgerückten Zeit und der Noth=
wendigkeit mannigfaltiger Umgestaltung anderer mit dem Gegen=
stande der Bundesgesetzgebung in Zusammenhang stehender Gesetze
und Einrichtungen Anwendung nur in Betreff des Wahlgesetzes
für den Reichstag des Norddeutschen Bundes, vom 31. Mai 1869.
(Art. 79. Nr. 13.).

Im Uebrigen bleibt die Erklärung der im Norddeutschen Bunde er=
gangenen Gesetze zu Bundesgesetzen für das Königreich Bayern,
soweit diese Gesetze auf Angelegenheiten sich beziehen, welche ver=

---

[1]) Dies ist der oben in der Anlage I. mitgetheilte (frühere)
Art. 80 der mit Baden und Hessen vereinbarten Verfassung des
Deutschen Bundes v. 15. Nov. 1870.

faffungsmäßig der Gefeßgebung des Deutfchen Bundes unterliegen, der Bundesgefeßgebung vorbehalten.

Anlage III.

Vertrag mit Württemberg, v. 25. Nov. 1870 Art. 2 Nr. 6.
(BGB. 1870 S. 656.)

Artikel 2.

6) Zum Artikel 80. der Verfaffung.

Die Einführung der nachftehend genannten Gefeße des Norddeutfchen Bundes als Bundesgefeße erfolgt für Württemberg, ftatt von den im Artikel 80. feftgefeßten, von den nachftehend genannten Zeitpunkten an, nämlich:

I. vom 1. Juli 1871. an:

1) des G., betr. die vertragsmäßigen Zinfen, v. 14. Nov. 1867,

2) des G., betr. die Errichtung eines oberften Gerichtshofes für Handelsfachen, v. 12. Juni 1869;

II. vom 1. Jan. 1872 an:

1) des G., betr. die Befchlagnahme des Arbeits= oder Dienftlohns, v. 21. Juni 1869,

2) des G. über die Ausgabe von Papiergeld, v. 16. Juni 1870.

Die Einführung des Gefeßes, Maaßregeln gegen die Rinderpeft betreffend, vom 7. April 1869 als Bundesgefeß bleibt für Württemberg der Bundesgefeßgebung vorbehalten[1]). Daffelbe gilt mit der, aus der vorftehenden Beftimmung unter Nr. 4. fich ergebenden Befchränkung von den im Artikel 80. unter II. Nr. 4. genannten, auf das Poft= und Telegraphenwefen bezüglichen Gefeßen.

Das Gefeß, betreffend die Schließung und Befchränkung der öffent= lichen Spielbanken, vom 1. Juli 1868. wird in Württemberg, vom Tage der Wirkfamkeit der Bundesverfaffung an, als Bundesgefeß eingeführt.

---

[1]) Vgl. Anm. zum Art. 4 Nr. 15 der Reichsverfaffung.

Anlage IV.

G. v. 22. April 1871, betr. die Einführung Nordd. Bundesgesetze in Bayern.

(BGB. 1871 S. 87.)

Wir Wilhelm, von Gottes Gnaden Deutscher Kaiser, König von Preußen ꝛc. verordnen im Namen des Deutschen Reichs, nach erfolgter Zustimmung des Bundesrathes und des Reichstages, was folgt:

§ 1. Die in den nachfolgenden Paragraphen aufgeführten Gesetze des Norddeutschen Bundes werden nach Maßgabe der in diesen Paragraphen enthaltenen näheren Bestimmungen als Reichsgesetze im Königreiche Bayern eingeführt.

§ 2. I. Vom Tage der Wirksamkeit des gegenwärtigen Gesetzes an treten in Kraft:

1) das G. über das Paßwesen, v. 12. Okt. 1867,

2) das G., betr. die Nationalität der Kauffahrteischiffe und ihre Befugniß zur Führung der Bundesflagge, v. 25. Okt. 1867,

3) das G. über die Freizügigkeit, v. 1. Nov. 1867,

4) das G., betr. die Aufhebung der Schuldhaft, v. 29. Mai 1868,

5) das G., betr. die Bewilligung von lebenslänglichen Pensionen und Unterstützungen an Offiziere und obere Militairbeamte der vormaligen Schleswig-Holsteinischen Armee, sowie an deren Wittwen und Waisen, v. 14. Juni 1868,

6) das G., betr. die Schließung und Beschränkung der öffentlichen Spielbanken, v. 1. Juli 1868,

7) das G., betr. die Kautionen der Bundesbeamten, v. 2. Juni 1869,

8) das G., betr. die Einführung der Allgemeinen Deutschen Wechselordnung, der Nürnberger Wechselnovellen und des Allgemeinen Deutschen Handelsgesetzbuches als Bundesgesetze, v. 5. Juni 1869,

9) das G., betr. die Beschlagnahme des Arbeits- oder Dienstlohnes, v. 21. Juni 1869,

10) das G., betr. die Gleichberechtigung der Konfessionen in bürgerlicher und staatsbürgerlicher Beziehung, v. 3. Juli 1869,

11) das G., betr. die Bewilligung von lebenslänglichen Pensionen und Unterstützungen an Militairpersonen der Unterklassen der vormaligen Schleswig-Holsteinischen Armee, sowie an deren Wittwen und Waisen, v. 3. März 1870,

12) das G., betr. die Eheschließung und die Beurkundung des Personenstandes von Bundesangehörigen im Auslande, v. 4. Mai 1870;

ferner:

II. am 1. Juli 1871:

das G. wegen Beseitigung der Doppelbesteuerung, v. 13. Mai 1870;

III. am 1. Januar 1872:

1) das G. über die Ausgabe von Banknoten, v. 27. März 1870,

2) das G. über die Ausgabe von Papiergeld, v. 16. Juni 1870.

§ 3. Das Gesetz vom 8. November 1867., betreffend die Organisation der Bundeskonsulate, sowie die Amtsrechte und Pflichten der Bundeskonsuln, tritt mit dem Tage der Wirksamkeit des gegenwärtigen Gesetzes in Kraft. Der § 24. erhält jedoch folgenden Zusatz:

Die durch den ersten Absatz begründete Zuständigkeit des Preußischen Obertribunals geht v. 1. Juli 1871. an auf das Bundes-Oberhandelsgericht über. Wird in dem an dasselbe gelangenden Sachen eine Mitwirkung der Staatsanwaltschaft erforderlich, so ist zu deren Vertretung von dem Präsidenten des Bundes-Oberhandelsgerichts ein Mitglied des letzteren, ein in Leipzig angestellter Staatsanwalt oder ein dort wohnender Advokat zu ernennen.

§ 4. Das Gesetz, betreffend die Wechselstempelsteuer, vom 10. Juni 1869. tritt am 1. Juli 1871. in Kraft.

Der Königlich Bayerischen Staatsregierung bleibt überlassen, diejenigen anderen Behörden zu bezeichnen, welche bei Anwendung der im §. 18. dieses Gesetzes erwähnten Vorschriften an die Stelle der Zollbehörden zu treten haben.

§ 5. Die Wirksamkeit des Gesetzes, betreffend die Errichtung eines obersten Gerichtshofes für Handelssachen, vom 12. Juni 1869. beginnt am 1. Juli 1871.

In den nach dem Bayerischen Prozeßrechte zu verhandelnden

Sachen treten an Stelle des letzten Satzes des §. 18. dieses Gesetzes folgende Bestimmungen:

Handelt es sich um eine zur Zuständigkeit des Bundes-Ober-handelsgerichts gehörige Nichtigkeitsbeschwerde, so hat der oberste Landesgerichtshof, sobald die vorgeschriebene Hinterlegung der Akten erfolgt ist oder eine Frist hierfür nicht mehr läuft, nach Vernehmung des Staatsanwalts mittelst eines in geheimer Sitzung zu fassenden Beschlusses die Abgabe der Akten an das Bundes-Oberhandelsgericht zu verfügen.

Den abzugebenden Akten ist in allen Fällen ein schriftliches Requisitorium des Staatsanwalts beizulegen.

§ 6. Das Gesetz vom 21. Juni 1869. die Gewährung der Rechtshülfe betreffend, wird v. 1. Juli 1871. an mit nachstehendem Zusatz zu §. 39. eingeführt:

Für die Anwendung derjenigen Vorschriften der Bayerischen Civilprozeßordnung, welche den Gerichtsstand oder die Personal-haft betreffen oder überhaupt auf der Annahme beruhen, daß die Rechtsverfolgung im Auslande die Geltendmachung eines Anspruches erschwere, ist gleichfalls das gesammte Gebiet des Deutschen Reichs als Inland zu betrachten.

§ 7. Das Strafgesetzbuch vom 31. Mai 1870. und das Einführungs-gesetz zu demselben treten am 1. Januar 1872. in Geltung.

An Stelle der Vorschriften des §. 4. des gedachten Einführungs-gesetzes hat es für Bayern bis auf Weiteres bei den einschlägigen Bestimmungen des Militairstrafrechts, sowie bei den sonstigen gesetz-lichen Vorschriften über das Standrecht sein Bewenden.

§ 8. Das G. über die Abgaben von der Flößerei, vom 1. Juni 1870. wird mit dem Tage der Wirksamkeit des gegenwärtigen Gesetzes eingeführt.

Die nach §. 2. desselben zu leistende Entschädigung besteht in dem achtzehnfachen Betrage des durchschnittlichen Reinertrages der Abgabe aus den letzten drei Kalenderjahren vor dem Aufhören der Erhebung.

Der Antrag auf Entschädigung ist bei Vermeidung der Prä-klusion innerhalb sechs Monaten nach dem Tage, mit welchem die

Erhebung der Abgabe aufgehört hat, an das Reichskanzleramt zu richten.

§ 9. Das Gesetz über die Erwerbung und den Verlust der Bundes= und Staatsangehörigkeit vom 1. Juni 1870. tritt mit dem Tage der Wirksamkeit des gegenwärtigen Gesetzes in Kraft, jedoch mit Aus= nahme der Bestimmungen in §. 1. Abs. 2., §. 8. Absatz 3. und §. 16.

§ 10. Das Gesetz v. 11. Juni 1870., betreffend die Kommandit= gesellschaften auf Aktien und die Aktiengesellschaften, erlangt vom Tage der Wirksamkeit des gegenwärtigen Gesetzes an mit nach= stehenden Vorschriften Geltung:

Die bis zu dem bezeichneten Tage vollzogenen Eintragungen in dem von den Bayerischen Bezirksgerichten geführten besonderen Register für Aktiengesellschaften, bei welchen der Gegenstand des Unternehmens nicht in Handelsgeschäften besteht, gelten als Eintragungen im Handelsregister, und bleiben in Wirksam= keit, auch wenn die Voraussetzungen nicht vorhanden sind, welche nach dem Gesetz vom 11. Juni 1870. für die Errichtung der Gesellschaft erforderlich sein würden.

§ 11. Das Gesetz, betreffend das Urheberrecht an Schriftwerken, Abbildungen, musikalischen Kompositionen und dramatischen Werken, vom 11. Juni 1870, tritt am 1. Januar 1872. in Wirksamkeit, unbeschadet der fortdauernden Geltung des Artikels 68. des Bayerischen Gesetzes über den Schutz der Urheberrechte an literarischen Erzeugnissen und Werken der Kunst vom 28. Juni 1865.

§ 12. Die in den §§. 3. 8. und 9. getroffenen Abänderungen der dort bezeichneten Gesetze finden im ganzen Reiche Anwendung, die Bestimmung im letzten Absatze des §. 8. auch in denjenigen Fällen, in welchen vor Erlaß dieses Gesetzes unzulässige Abgaben von der Flößerei durch Kaiserliche Verordnung außer Hebung gesetzt worden sind.

Urkundlich unter Unserer Höchsteigenhändigen Unterschrift und beigedrucktem Kaiserlichen Insiegel.

Gegeben Berlin, den 22. April 1871.

(L. S.)   Wilhelm.

Fürst v. Bismarck.

Anlage V.

Protokoll, betr. die Vereinbarung zwischen dem Norbd. Bunde, Baden und Hessen über Gründung des Deutschen Bundes und Annahme der Bundesverfassung, v. 15. Nov. 1870.

(BGB. 1870 S. 650.)

Verhandelt Versailles, den 15. November 1870.

Nachdem Seine Majestät der König von Preußen, im Namen des Norddeutschen Bundes, Seine Königliche Hoheit der Großherzog von Baden und Seine Königliche Hoheit der Großherzog von Hessen und bei Rhein übereingekommen sind, über die Gründung eines Deutschen Bundes in Verhandlung zu treten und zu diesem Zwecke bevollmächtigt haben und zwar: [hier folgen Namen und Titel der Bevollmächtigten], sind diese Bevollmächtigten in Versailles zusammengetreten und haben sich, nach gegenseitiger Vorlegung und Anerkennung ihrer Vollmachten, über die anliegende Verfassung des Deutschen Bundes verständigt.

Sie sind ferner darüber einverstanden, daß diese Verfassung, vorbehaltlich der weiter unten zu erwähnenden Maaßgaben, mit dem 1. Januar 1871. in Wirksamkeit treten soll, und ertheilen sich deshalb gegenseitig die Zusage, daß sie unverzüglich den gesetzgebenden Faktoren des Norddeutschen Bundes, beziehungsweise Badens und Hessens zur verfassungsmäßigen Zustimmung vorgelegt und, nach Ertheilung dieser Zustimmung, im Laufe des Monats Dezember ratificirt werden soll. Der Austausch der Ratifikations-Erklärungen soll in Berlin erfolgen.

In Betracht der großen Schwierigkeiten, welche theils die vorgerückte Zeit, theils die Fortdauer des Krieges, theils endlich die in einigen betheiligten Staaten bereits erfolgte Regulirung des Landesbudgets der Aufstellung eines Etats für die Militairverwaltung des Deutschen Bundes für das Jahr 1871. entgegenstellen, ist man übereingekommen, daß die Gemeinschaft der Ausgaben für das Landheer erst mit dem 1. Januar 1872. beginnen soll. Bis zu diesem Tage wird daher der Ertrag der im Artikel 35. bezeichneten gemeinschaftlichen Abgaben nicht zur Bundeskasse fließen, sondern den Staatskassen Badens und Hessens, letzterer rücksichtlich des auf Süd-hessen fallenden Antheils, verbleiben und es wird der Beitrag dieser Staaten zu den Bundesausgaben durch Matrikularbeiträge auf-gebracht werden, wegen deren Feststellung dem im nächsten Jahre zu berufenden Reichstage eine Vorlage gemacht werden wird.

Auch die Bestimmungen in den Artikel 49—52. der Bundesver-fassung sollen für Baden erst mit dem 1. Januar 1872. in Wirksamkeit treten, damit die für die Ueberleitung der Landesverwaltung der Posten und Telegraphen in die Bundesverwaltung erforderliche Zeit gewonnen werde.

Im Uebrigen wurden noch nachstehende, im Laufe der Ver-handlungen abgegebene Erklärungen in gegenwärtiges Protokoll niedergelegt:

Man war darüber einverstanden,

1) zu Artikel 18. der Verfassung, daß zu den, einem Be-amten zustehenden Rechten im Sinne des zweiten Absatzes dieses Artikels diejenigen Rechte nicht gehören, welche seinen Hinter-bliebenen in Beziehung auf Pensionen oder Unterstützungen etwa zustehen;

2) zu den Artikeln 35. und 38. der Verfassung, daß die nach Maaßgabe der Zollvereinsverträge auch ferner zu erhebenden Uebergangsabgaben von Branntwein und Bier ebenso anzu-sehen sind, wie die auf die Bereitung dieser Getränke gelegten Abgaben;

3) zu Artikel 38. der Verfassung, daß, so lange die jetzige Besteuerung des Bieres in Hessen fortbesteht, nur der dem Be-trage der Norddeutschen Braumalzsteuer entsprechende Theil der Hessischen Biersteuer in die Bundeskasse fließen wird;

4) zum VIII. Abschnitt der Verfassung, daß die Verträge, durch welche das Verhältniß des Post- und Telegraphenwesens in Hessen zum Norddeutschen Bunde jetzt geregelt ist, durch die Bundesverfassung nicht aufgehoben sind. Insbesondere behält es hinsichtlich der Zahlung des Kanons und der Chausseegeld-Ent-schädigung, sowie der Entschädigung für Wege- und Brücken-gelder und sonstige Kommunikationsabgaben, ferner hinsichtlich

der Vergütung für Benutzung der Staats= und Privatbahnen, und hinsichtlich der Behandlung des Portofreiheitswesens in Südhessen, bis zum Ende des Jahres 1875. sein Bewenden bei dem jetzt bestehenden Zustande. Für die Zeit vom 1. Januar 1876. ab fällt die Zahlung des Kanons und der Chausseegeld=Entschädigung weg. Wie es in Bezug auf die Vergütung für die postalische Benutzung der Eisenbahnen, sowie in Bezug auf die Südhessischen Portofreiheiten für die Zeit nach dem 1. Januar 1876. zu halten sei, bleibt späterer Verständigung vorbehalten. Die Entschädigung für Wege= und Brückengelder und sonstige Kommunikationsabgaben wird auch nach dem 1. Januar 1876. an die Großherzoglich Hessische Regierung gezahlt, wogegen diese die Entschädigung der Berechtigten auch für die Zukunft wie bisher übernimmt;

5) zu Art. 52. der Verfassung wurde von den Badischen Bevollmächtigten bemerkt, daß die finanziellen Ergebnisse der Post= und Telegraphenverwaltung des Bundes, wie sie sich bisher gestaltet hätten und in den Bundeshaushalts=Etat für 1871. veranschlagt seien, ungeachtet der in Artikel 52. getroffenen Bestimmung, keine Gewähr dafür leisteten, daß der auf Baden fallende Antheil an den Einnahmen dieser Verwaltungen auch nur annähernd diejenige Einnahme ergeben werde, welche es gegenwärtig aus seiner eigenen Verwaltung zum Betrage von durchschnittlich 130,000 Rthlrn. beziehe. Sie hielten es deshalb für billig, daß Baden durch eine besondere Verabredung vor einem, seinen Haushalt empfindlich berührenden Einnahme=Ausfall gesichert werde.

Wenngleich von anderen Seiten die Besorgniß der Badischen Bevollmächtigten als begründet nicht anerkannt werden konnte, so einigte man sich doch dahin, daß, wenn im Laufe der Uebergangsperiode der nach dem Prozentverhältniß sich ergebende Antheil Badens an den im Bunde aufkommenden Postüberschüssen in einem Jahre die Summe von 100,000 Rthlrn. nicht erreichen sollte, der an dieser Summe fehlende Betrag Baden auf seine Matrikularbeiträge zu Gute gerechnet werden soll.

Eine solche Anrechnung wird jedoch nicht stattfinden in einem Jahre, in welches kriegerische Ereignisse fallen, an denen der Bund betheiligt ist;

6) zu Artikel 56. der Verfassung bemerkten die Bevollmächtigten des Norddeutschen Bundes auf Anfrage der Großherzoglich Badischen Bevollmächtigten, daß das Bundespräsidium schon bisher, nach Vernehmung des zuständigen Ausschusses des Bundesrathes, Bundeskonsulate errichtet habe, wenn eine solche Einrichtung an einem bestimmten Platze durch das Interesse auch nur Eines Bundesstaates geboten worden sei. Sie verbanden damit die Zusage, daß in diesem Sinne auch in Zukunft werde verfahren werden;

7) zu Artikel 62. der Verfassung wurde verabredet, daß die Zahlung der nach diesem Artikel von Baden aufzubringenden Beiträge mit dem ersten Tage des Monats beginnen soll, welcher auf die Anordnung zur Rückkehr der Badischen Truppen von dem Kriegszustande auf den Friedensfuß folgt;

8) zu Artikel 78. der Verfassung wurde allseitig als selbstverständlich angesehen, daß diejenigen Vorschriften der Verfassung, durch welche bestimmte Rechte einzelner Bundesstaaten in deren Verhältniß zur Gesammtheit festgestellt sind, nur mit Zustimmung des berechtigten Bundesstaates abgeändert werden können;

9) zu Artikel 80. der Verfassung war man in Beziehung auf das Gesetz, betreffend die Errichtung eines obersten Gerichtshofes für Handelssachen, vom 12. Juni v. J. darüber einig, daß eine entsprechende Vermehrung der Mitglieder dieses Gerichtshofes durch einen Nachtrag zu dessen Etat für 1871. in Vorschlag zu bringen sein werde.

Es wurde ferner allseitig anerkannt, daß zu den im Norddeutschen Bunde ergangenen Gesetzen, deren Erklärung zu Gesetzen des Deutschen Bundes der Bundesgesetzgebung vorbehalten bleibt, das Gesetz vom 21. Juli d. J., betreffend den außerordentlichen Geldbedarf der Militair= und Marineverwaltung, nicht gehört, und daß das Gesetz vom 31. Mai d. J., betreffend die St. Gotthard-Eisenbahn[1]), jedenfalls nicht ohne Veränderung seines Inhalts zum Bundesgesetze würde erklärt werden können.

Gegenwärtiges Protokoll ist vorgelesen, genehmigt und von den im Eingange genannten Bevollmächtigten in Einem, in das Archiv des Bundeskanzlers-Amts zu Berlin niederzulegenden Exemplare vollzogen worden.

v. **Bismarck.**　　　**Jolly.**　　　*v.* **Dalwigk.**
(L. S.)　　　　　(L. S.)　　　　(L. S.)

v. **Friesen.**　　　*v.* **Freydorf.**　　　**Hofmann.**
(L. S.)　　　　　(L. S.)　　　　(L. S.)

Delbrück.
(L. S.)

Anlage VI.

Verhandlung dd. Berlin d. 25. Nov. 1870 über den Beitritt Württembergs zu der zwischen dem Nordd. Bunde, Baden und Hessen vereinbarten Verf. des Deutschen Bundes.

(BGB. 1870 S. 657.)

Verhandelt Berlin, den 25. Nov. 1870.

Bei Unterzeichnung des am heutigen Tage über den Beitritt Württembergs zu der zwischen dem Norddeutschen Bunde, Baden und Hessen vereinbarten Verfassung des Deutschen Bundes abgeschlossenen Vertrages haben sich die unterzeichneten Bevollmächtigten über nachstehende Punkte verständigt:

1) die in dem Protokoll d. d. Versailles den 15. November b. J. zwischen den Bevollmächtigten des Norddeutschen Bundes, Badens und Hessens getroffenen Verabredungen, beziehungsweise von den Bevollmächtigten des Norddeutschen Bundes abgegebenen Erklärungen:

---

[1]) Dies G. ist demnächst durch das RG. v. 2. Mai 1871 (RGB. 1871 S. 375) außer Kraft gesetzt worden.

11*

a) über den Beginn der Wirksamkeit der Verfassung,

b) über den Zeitpunkt für den Beginn der Gemeinschaft der Ausgaben für das Landheer,

c) zu Artikel 18. der Verfassung,

d) zu den Artikeln 35. und 38. der Verfassung,

e) zu Artikel 56. der Verfassung,

f) zu Artikel 62. der Verfassung,

g) zu Artikel 78. der Verfassung, und

h) zu Artikel 80. der Verfassung

finden auch auf Württemberg Anwendung.

2) Zu Artikel 45. der Verfassung wurde anerkannt, daß auf den Württembergischen Eisenbahnen bei ihren Bau-, Betriebs- und Verkehrsverhältnissen nicht alle in diesem Artikel aufgeführten Transportgegenstände in allen Gattungen von Verkehren zum Einpfennig-Satz befördert werden können.

3) Zum Artikel 2. Nr. 4. des Vertrages vom heutigen Tage war man darüber einverstanden, daß die Ausdehnung der im Norddeutschen Bunde über die Vorrechte der Post geltenden Bestimmungen auf den internen Verkehr Württembergs insoweit von der Zustimmung Württembergs abhängen soll, als diese Bestimmungen der Post Vorrechte beilegen, welche derselben nach der gegenwärtigen Gesetzgebung in Württemberg nicht zustehen.

Vorgelesen, genehmigt und unterschrieben.

v. Friesen.   v. Freydorf.   Hofmann.   Mittnacht.
Delbrück.   Türkheim.   v. Suckow.

Anlage VII.

Schlußprotokoll zu dem Vertrage v. 23. Nov. 1870, betr. den Beitritt Bayerns zur Verfassung des Deutschen Bundes.

(BGB. 1871 S. 23.)

Bei der Unterzeichnung des Vertrages über den Abschluß eines Verfassungsbündnisses zwischen Seiner Majestät dem Könige von Preußen

Namens des Norddeutschen Bundes und Seiner Majestät dem Könige von Bayern sind die unterzeichneten Bevollmächtigten noch über nachstehende vertragsmäßige Zusagen und Erklärungen übereingekommen:

I. Es wurde auf Anregung der Königlich Bayerischen Bevollmächtigten von Seite des Königlich Preußischen Bevollmächtigten anerkannt, daß, nachdem sich das Gesetzgebungsrecht des Bundes bezüglich der Heimaths= und Niederlassungsverhältnisse auf das Königreich Bayern nicht erstreckt, die Bundes=Legislative auch nicht zuständig sei, das Verehelichungswesen mit verbindlicher Kraft für Bayern zu regeln, und daß also das für den Norddeutschen Bund erlassene Gesetz vom 4. Mai 1868., die Aufhebung der polizeilichen Beschränkungen der Eheschließungen betreffend, jedenfalls nicht zu denjenigen Gesetzen gehört, deren Wirksamkeit auf Bayern ausgedehnt werden könnte.

II. Von Seite des Königlich Preußischen Bevollmächtigten wurde anerkannt, daß unter der Gesetzgebungsbefugniß des Bundes über Staatsbürgerrecht nur das Recht verstanden werden solle, die Bundes= und Staatsangehörigkeit zu regeln und den Grundsatz der politischen Gleichberechtigung aller Konfessionen durchzuführen, daß sich im Uebrigen diese Legislative nicht auf die Frage erstrecken solle, unter welchen Voraussetzungen Jemand zur Ausübung politischer Rechte in einem einzelnen Staate befugt sei.

III. Die unterzeichneten Bevollmächtigten kamen dahin überein, daß in Anbetracht der unter Ziffer I. statuirten Ausnahme von der Bundes=Legislative der Gothaer Vertrag vom 15. Juli 1851. wegen gegenseitiger Uebernahme der Ausgewiesenen und Heimathslosen[1]), dann die sogenannte Eisenacher Konvention vom 11. Juli 1853. wegen Verpflegung erkrankter und Beerdigung verstorbener Unterthanen[2]) für das Verhältniß Bayerns zu dem übrigen Bundesgebiete fortdauernde Geltung haben sollten.

IV. Als vertragsmäßige Bestimmung wurde in Anbetracht der in Bayern bestehenden besonderen Verhältnisse bezüglich des Immobiliar=Versicherungswesens und des engen Zusammenhanges der=

---

[1]) Vgl. in der Preuß. GS. 1851 S. 711.
[2]) Vgl. ebendaselbst S. 877, 881.

selben mit dem Hypothekar-Kreditwesen festgestellt, daß, wenn sich die Gesetzgebung des Bundes mit dem Immobiliar-Versicherungs= wesen befassen sollte, die vom Bunde zu erlassenden gesetzlichen Bestimmungen in Bayern nur mit Zustimmung der Bayerischen Regierung Geltung erlangen können.

V. Der Königlich Preußische Bevollmächtigte gab die Zusicherung, daß Bayern bei der ferneren Ausarbeitung des Entwurfes eines Allgemeinen Deutschen Civilprozeß-Gesetzbuches entsprechend betheiligt werde.

VI. Als unbestritten wurde von dem Königlich Preußischen Bevoll= mächtigten zugegeben, daß selbst bezüglich der der Bundes=Legis= lative zugewiesenen Gegenstände die in den einzelnen Staaten gel= tenden Gesetze und Verordnungen in so lange in Kraft bleiben und auf dem bisherigen Wege der Einzelngesetzgebung abgeändert werden können, bis eine bindende Norm vom Bunde ausgegangen ist.

VII. Der Königlich Preußische Bevollmächtigte gab die Erklärung ab, daß Seine Majestät der König von Preußen kraft der Allerhöchst= ihm zustehenden Präsidialrechte, mit Zustimmung Seiner Majestät des Königs von Bayern, den Königlich Bayerischen Gesandten an den Höfen, an welchen solche beglaubigt sind, Vollmacht ertheilen werden, die Bundesgesandten in Verhinderungsfällen zu vertreten.

Indem diese Erklärung von den Königlich Bayerischen Bevoll= mächtigten acceptirt wurde, fügten diese bei, daß die Bayerischen Gesandten angewiesen sein würden, in allen Fällen, in welchen dies zur Geltendmachung allgemein Deutscher Interessen erforder= lich oder von Nutzen sein wird, den Bundesgesandten ihre Beihülfe zu leisten.

VIII. Der Bund übernimmt in Anbetracht der Leistungen der Bayerischen Regierung für den diplomatischen Dienst desselben durch die unter Ziffer VII. erwähnte Bereitstellung ihrer Gesandtschaften und in Erwägung des Umstandes, daß an denjenigen Orten, an welchen Bayern eigene Gesandtschaften unterhalten wird, die Ver= tretung der Bayerischen Angelegenheiten den Bundesgesandten nicht obliegt, die Verpflichtung, bei Feststellung der Ausgaben für den diplomatischen Dienst des Bundes der Bayerischen Regierung eine angemessene Vergütung in Anrechnung zu bringen.

Ueber Festsetzung der Größe dieser Vergütung] bleibt weitere Vereinbarung vorbehalten.

IX. Der Königlich Preußische Bevollmächtigte erkannte es als ein Recht der Bayerischen Regierung an, daß ihr Vertreter im Falle der Verhinderung Preußens den Vorsitz im Bundesrathe führe.

X. Zu den Artikeln 35. und 38. der Bundesverfassung war man darüber einverstanden, daß die nach Maßgabe der Zollvereinsverträge auch ferner zu erhebenden Uebergangsabgaben von Branntwein und Bier ebenso anzusehen sind, wie die auf die Bereitung dieser Getränke gelegten Abgaben.

XI. Es wurde allseitig anerkannt, daß bei dem Abschlusse von Post= und Telegraphen=Verträgen mit außerdeutschen Staaten zur Wahrung der besonderen Landesinteressen Vertreter der an die betreffenden außerdeutschen Staaten angrenzenden Bundesstaaten zugezogen werden sollen, und daß den einzelnen Bundesstaaten unbenommen ist, mit anderen Staaten Verträge über das Post= und Telegraphenwesen abzuschließen, sofern sie lediglich den Grenzverkehr betreffen.

XII. Zu Artikel 56. der Bundesverfassung wurde allseitig anerkannt; daß den einzelnen Bundesstaaten das Recht zustehe, auswärtige Konsuln bei sich zu empfangen und für ihr Gebiet mit dem Exequatur zu versehen.

Ferner wurde die Zusicherung gegeben, daß Bundeskonsuln an auswärtigen Orten auch dann aufgestellt werden sollen, wenn es nur das Interesse eines einzelnen Bundesstaates als wünschenswerth erscheinen läßt, daß dies geschehe.

XIII. Es wurde ferner allseitig anerkannt, daß zu den im Norddeutschen Bunde ergangenen Gesetzen, deren Erklärung zu Gesetzen des Deutschen Bundes der Bundesgesetzgebung vorbehalten bleibt, das G. vom 21. Juli d. J., betreffend den außerordentlichen Geldbedarf der Militair= und Marineverwaltung, nicht gehört, und daß das Gesetz vom 21. Mai d. J., betreffend die St. Gotthard=Eisenbahn[1]), jedenfalls

---

[1]) Dies G. ist demnächst durch das RG. v. 2. Nov. 1871 (RGB. 1871 S. 375) außer Kraft gesetzt worden.

nicht ohne Veränderung seines Inhalts zum Bundesgesetze würde erklärt werden können.

XIV. In Erwägung der in Ziffer III. §. 5. enthaltenen Bestimmungen über das Kriegswesen wurde — mit besonderer Beziehung auf die Festungen — noch Nachfolgendes vereinbart:

§ 1. Bayern erhält die Festungen Ingolstadt und Germersheim, sowie die Fortifikation von Neu-Ulm und die im Bayerischen Gebiete auf gemeinsame Kosten etwa künftig angelegt werdenden Befestigungen in vollkommen vertheidigungsfähigem Stande.

§ 2. Solche neu angelegte Befestigungen treten bezüglich ihres immobilen Materials in das ausschließliche Eigenthum Bayerns. Ihr mobiles Material hingegen wird gemeinsames Eigenthum der Staaten des Bundes. In Betreff dieses Materials gilt bis auf Weiteres die Uebereinkunft vom 6. Juli 1869., welche auch hinsichtlich des mobilen Festungsmaterials der vormaligen Deutschen Bundesfestungen Mainz, Rastatt und Ulm in Kraft bleibt.

§ 3. Die Festung Landau wird unmittelbar nach dem gegenwärtigen Kriege als solche aufgehoben.

Die Ausrüstung dieses Platzes, soweit sie gemeinsames Eigenthum, wird nach den der Uebereinkunft vom 6. Juli 1869. zu Grunde liegenden Prinzipien behandelt.

§ 4. Diejenigen Gegenstände des Bayerischen Kriegswesens, Betreffs welcher der Bundesvertrag vom Heutigen oder das vorliegende Protokoll nicht ausdrückliche Bestimmungen enthalten — sohin insbesondere die Bezeichnung der Regimenter ꝛc., die Uniformirung, Garnisonirung, das Personal- und Militair-Bildungswesen u. s. w. — werden durch dieselbe nicht berührt.

Die Betheiligung Bayerischer Offiziere an den für höhere militairwissenschaftliche oder technische Ausbildung bestehenden Anstalten des Bundes wird spezieller Vereinbarung vorbehalten.

XV. Wenn sich in Folge des mangelhaft dahier vorliegenden Materials ergeben sollte, daß bei Aufführung des nunmehrigen Wortlautes der Bundesverfassung unter Ziffer II. §§. 1. bis 26. ein Irrthum unterlaufen ist, behalten sich die kontrahirenden Theile dessen Berichtigung vor.

XVI. Die Bestimmungen dieses Schlußprotokolls sollen ebenso verbindlich sein, wie der Vertrag vom Heutigen über den Abschluß eines Deutschen Verfassungsbündnisses selbst, und sollen mit diesem gleichzeitig ratificirt werden.

So geschehen Versailles, den 23. November 1870.

v. Bismarck.   Bray-Steinburg.

(L. S.)   (L. S.)

Frhr. v. Prankh.

(L. S.)

v. Lutz.

(L. S.)

Anlage VIII.

Vertrag v. 23. Nov. 1870, betr. den Beitritt Bayerns zur Verfassung des Deutschen Bundes, unter IV.
(BGB. 1871 S. 21.)

Da in Anbetracht der großen Schwierigkeiten, welche theils die vorgerückte Zeit, theils die Fortdauer des Krieges der Aufstellung eines Etats für die Militairverwaltung des Deutschen Bundes für das Jahr 1871. und beziehungsweise der Feststellung der von Bayern auf sein Heer zu verwendenden Gesammtsumme für dieses Jahr entgegenstellen, die Bestimmungen unter III. §. 5. dieses Vertrages erst mit dem 1. Januar 1872. in Wirksamkeit treten, wird der Ertrag der im Artikel 35. bezeichneten gemeinschaftlichen Abgaben für das Jahr 1871. nicht zur Bundeskasse fließen, sondern der Staatskasse Bayerns verbleiben, dagegen aber der Beitrag Bayerns zu den Bundesausgaben durch Matrikularbeiträge aufgebracht werden.

Anlage IX.

Ueberſicht der auf Grund des Art. 4 Nr. 13 der Bundes-, beziehungsweiſe Reichsverfaſſung ergangenen Bundes- und Reichsgeſetze.

I. Bürgerliches Recht[1]).

1. a. BG. v. 5. Juni 1869, betr. die Einführung der allg. D. Wechſel-Ordn., der Nürnberger Wechſelnovellen und des allg. D. Handels-Geſetzbuches als Bundesgeſetze (BGB. 1869 S. 379). Auch gültig für Baden und Südheſſen zuf. Art. 80 unter I. 15 der mit Baden und Heſſen vereinbarten Verf. (BGB. 1870 S. 647), für Württemberg, zuf. Art. 2 Nr. 6 des Vertr. v. 25. Nov. 1870 (BGB. 1870 S. 656), und für Bayern, zuf. § 2 unter I. 8 des RG. v. 22. April 1871 (BGB 1871 S. 88).

Auch in Elſaß-Lothringen haben die allg. D. Wechſel-Ordn. und das allgem. D. Handels-Geſetzbuch durch das G. v. 19. Juni 1872, mit beſonderen Einführungsbeſtimmungen, in der durch dieſes Geſetz angeordneten Faſſung, v. 1. Okt. 1872 an, Geſetzeskraft erlangt. (GB. f. Elſ.-Lothr. 1872 S. 213).

b. Abänderungen und Ergänzungen des allgem. D. Handels-Geſetzbuches.

α) BG. v. 11. Juni 1870, betr. die Kommanditgeſellſchaften auf Aktien und die Aktiengeſellſchaften (BGB. 1870 S. 375). Auch gültig für Baden und Südheſſen, zuf. Art. 80 unter I. 26 der mit Baden und Heſſen vereinbarten Verf. (BGB. 1870 S. 646), für Württemberg, zuf. Art. 2 Nr. 6 des Vertr. v. 25. Nov. 1870 (BGB. 1870 S. 656), und für Bayern (mit einem Zuſatze),

---

[1]) Vgl. v. Rönne's Staatsrecht des D. Reiches, 2. Aufl., Bd. II. Abth. 2 § 105 S. 89 ff.

zuf. § 10 des RG. v. 22. April 1871 (BGB. 1871 S. 90). Bezüglich Elsaß-Lothringens sind die Bestimmungen des G. v. 11. Juli 1870 in das (zu a. gedachte) G. v. 19. Juni 1872 und die durch dieses letztere angeordnete Fassung des Handels-Gesetzbuches aufgenommen worden.

β) RG. v. 16. Dez. 1875, betr. die Umwandlung von Aktien in Reichswährung. (RGB. 1875 S. 317). [Abänderung des Art. 207 a. Abs. 3 des D. Handelsgesetzb.]

γ) Seemanns-Ordn. v. 27. Dez. 1872 (RGB. 1872 S. 409), welche im § 110 den Tit. 4 des fünften Buches des D. Handelsgesetzbuches außer Kraft gesetzt hat und an dessen Stelle getreten ist.

δ) Strandungs-Ordn. v. 17. Mai 1874 (RGB. 1874 S. 73), durch welche die Vorschriften des Tit. 9 des fünften Buches des Handelsgesetzbuches modifizirt worden sind.

2. RG. v. 8. Juni 1871, betr. die Inhaberpapiere mit Prämien. (RGB. 1871 S. 210). Auch gültig für Elsaß-Lothringen, zuf. G. v. 27. Jan. 1872. (GB. f. Els.-Lothr. 1872 S. 111).

Dazu:

a. Bekanntmachung des Reichskanzlers v. 19. Juni 1871, betr. die Vorschriften zur Ausführung des RG. v. 8. Juni 1871 über die Inhaberpapiere mit Prämien (RGB. 1871 S. 255), Bekanntmachung des Reichskanzlers v. 1. Juli 1871, betr. die Ergänzung der unterm 19. Juni 1871 erlassenen Vorschriften (RGB. 1871 S. 304), Bekanntmachung des Reichskanzlers v. 10. Juli 1871, betr. die zweite Ergänzung der unterm 19. Juni 1871 erlassenen Vorschriften (RGB. 1871 S. 314), Bekanntmachung des Reichskanzlers v. 4. Dez. 1871, betr. die Abänderung der unterm 1. Juli 1871 erlassenen ergänzenden Vorschriften (RGB. 1871 S. 408).

b. Bekanntmachung des Reichskanzlers v. 30. Juni 1872, betr. die Vorschriften zur Ausführung des RG. v. 8. Juni 1871 über die Inhaberpapiere (für Elsaß-Lothringen). (GB. f. Els.-Lothr. 1872 S. 113).

3. RG. v. 7. Juni 1871, betr. die Verbindlichkeit zum Schadens-ersatz für die bei dem Betriebe von Eisenbahnen, Bergwerken ꝛc.

herbeigeführten Tödtungen und Körperverletzungen (RGB. 1871 S. 207). Auch gültig für Elsaß-Lothringen, zuf. G. v. 1. Nov. 1872. (GB. f. Els.-Lothr. 1872 S. 769).

4. BG. v. 14. Nov. 1867, betr. die vertragsmäßigen Zinsen (BGB. 1867 S. 159). Auch gültig für Baden und Südhessen, zuf. Art. 80 unter I. 6 der mit diesen Staaten vereinbarten Verf. (BGB. 1870 S. 647), für Württemberg, zuf. Art. 2 Nr. 6 des Vertr. v. 25. Nov. 1870 (BGB. 1870 S. 656). Nicht eingeführt in Bayern; das Bayerische G. v. 5. Dez. 1867 hat jedoch ebenfalls das Verbot der Zinseszinsen und einer das Kapital übersteigenden Verzinsung aufgehoben (vgl. v. Rönne's Staatsrecht des D. Reiches, 2. Aufl., Bd. II. Abthl. 2 § 105 S. 97 Note 4).

5. BG. v. 4. Juli 1868, betr. die privatrechtliche Stellung der Erwerbs- und Wirthschaftsgenossenschaften (BGB. 1868 S. 415). Auch gültig für Baden und Südhessen, zuf. Art. 80 unter I. 10 der mit Baden und Hessen vereinbarten Verf. (BGB. 1870 S. 647) und für Württemberg, zuf. Art. 2 Nr. 6 des Vertr. v. 25. Nov. 1870 (BGB. 1870 S. 656).

Dazu: RG. v. 19. Mai 1871, betr. die Deklar. des § 1 des G. v. 4. Juli 1868 (RGB. 1871 S. 101).

Dies Gesetz nebst der Deklar. v. 19. Mai 1871 ist demnächst auch in Bayern, v. 1. August 1873 an, eingeführt worden durch das RG. v. 23. Juni 1873 (RGB. 1873 S. 146) und in Elsaß-Lothringen, v. 1. Okt. 1873 an, durch das G. v. 12. Juli 1872. (GB. f. Els.-Lothr. 1872 S. 511).

6. RG. v. 17. Febr. 1875, betr. das Alter der Großjährigkeit. (RGB. 1875 S. 71).

7. a. BG. v. 4. Mai 1879, betr. die Eheschließung und die Beurkundung des Personenstandes von Bundesangehörigen im Auslande. (BGB. 1870 S. 599). Auch gültig für Baden und Südhessen, zuf. Art. 80 unter I. 28 der mit Baden und Hessen vereinbarten Verf. (BGB. 1870 S. 647), für Württemberg, zuf. Art. 2 Nr. 6 des Vertr. v. 25. Nov. 1870 (BGB. 1870 S. 656), für Bayern, zuf. § 2 unter I. 12 des RG. v. 22. April 1871 (BGB. 1871 S. 87), und für

Elsaß=Lothringen, zuf. des G. v. 8. Febr. 1875 Ziffer 2. (RGB. 1875 S. 69).

b. RG. v. 6. Febr. 1875 über die Beurkundung des Personen= standes und die Eheschließung. (RGB. 1875 S. 23).

Dazu:

α) V. v. 4. Nov. 1875, betr. die Beurkundung von Sterbe= fällen solcher Militairpersonen, welche sich an Bord der in Dienst gestellten Schiffe oder anderen Fahrzeugen der Marine befinden. (RGB. 1875 S. 313).

β) V. v. 20. Jan. 1879, betr. die Verrichtungen der Standes= beamten in Bezug auf solche Militärpersonen, welche ihr Standquartier nach eingetretener Mobilmachung verlassen haben. (RGB. 1879 S. 5).

γ) Bekanntmachung des Reichskanzlers v. 22. Juni 1875 mit der Ausführungs=Verordn. des Bundesrathes zu dem Reichs=G. v. 6. Febr. 1875. (RGBl. 1875 S. 386).

8. RG. v. 21. Juli 1879, betr. die Anfechtung von Rechtshandlungen eines Schuldners außerhalb des Konkursverfahrens. (RGB. 1879 S. 277).

9. RG. v. 4. Nov. 1874, betr. die Aufhebung der Art. 11 u. 12 Buch III. Tit. 12 des revid. Lübischen Rechtes, sowie der Art. 14 u. 16 Th. III. Tit. 12 des Rostocker Stadtrechtes. (RGB. 1874 S. 128).

II. Strafrecht[1]).

1. a. Strafgesetzbuch für den Nordd. Bund v. 31. Mai 1870, nebst Einführ.=G. dazu v. 31. Mai 1870. (BGB. 1870 S. 195—278).

Nach Art. 80 der mit Baden und Hessen vereinbarten Verf. (BGB. 1870 S. 647) sind diese beiden Gesetze in Baden mit dem 1. Jan. 1872 und in Südhessen am 1. Jan. 1871 in Kraft getreten.

Für Württemberg ist nach dem Vertr. v. 25. Nov. 1870

---

[1]) Vgl. v. Rönne's Staatsrecht des D. Reiches, 2. Aufl., Bd. II. Abth. 2 § 104 S. 84 ff.

(GBl. 1870 S. 654 ff.) der vorgedachte Art. 80 bezüglich des B.-Strafgesetzbuches unverändert und es ist somit in diesem Staate das Strafgesetzbuch nebst dem Einf.-G. am 1. Jan. 1872 in Kraft getreten.

In Bayern ist die Geltung des Strafgesetzbuches nebst Einf.-G. durch § 7 des RG. v. 22. April 1871 (BGBl. 1871 S. 89) gleichfalls am 1. Jan. 1872 in Wirksamkeit getreten.

Die erforderlichen redaktionellen Aenderungen wurden für das Strafgesetzbuch (nicht für das Einf.-G.) von der Reichsgesetzgebung festgesetzt, und ist, zuf. des RG. v. 15. Mai 1871, betr. die Redaktion des Strafgesetzbuches für den Nordd. Bund als Strafgesetzbuch für das Deutsche Reich (RGBl. 1871 S. 127), das letztere mit dem 1. Jan. 1872 in Wirksamkeit getreten.

Auch in Elsaß-Lothringen ist das Strafgesetzbuch für das Deutsche Reich durch das G. v. 30. Aug. 1871 v. 1. Okt. 1871 an eingeführt worden. (GB. f. Els.-Lothr. 1871 S. 255).

Dazu: G. v. 14. Juli 1873, betr. eine Abänderung des Einführungs-G. v. 30. Aug. 1871. (GB. f. Els.-Lothr. 1873 S. 166).

b. Ergänzungen und Abänderungen des Strafgesetzbuches für das Deutsche Reich.

α) RG. v. 10. Dez. 1871, betr. die Ergänzung des Strafgesetzbuchs für das Deutsche Reich [Einschaltung des § 130 a, betr. strafbare Handlungen der Geistlichen]. (RGBl. 1871 S. 442). Auch gültig in Elsaß-Lothringen, zuf. G. v. 15. Juli 1872. (GB. f. Els.-Lothr. 1872 S. 531).

β) RG. v. 26. Febr. 1876, betr. die Abänderung von Bestimmungen des Strafgesetzbuchs für das D. Reich v. 15. Mai 1871 und die Ergänzung desselben. (RGBl. 1876 S. 25).

Der Art. V. des (zu β gedachten) Gesetzes v. 26. Febr. 1876 hat den Reichskanzler ermächtigt, den Text des Strafgesetzbuchs, wie er sich aus den in dem gedachten Gesetze festgestellten Aenderungen der Fassung ergiebt, durch das Reichsgesetzblatt bekannt zu machen. Dies ist geschehen durch die Bekanntmachung v. 26. Febr. 1876, betr. die Redaktion des Strafgesetzbuchs für das D. Reich. (RGB. 1876 S. 39 ff.).

γ) RG. v. 24. Mai 1880, betr. den Wucher. [Einschaltung der §§ 302 a, 302 b, 302 c, 302 d, und Ersetzung des § 360 Nr. 12]. (RGB. 1880 S. 109).

δ) Auf Grund des § 145 des Strafgesetzbuchs für das Deutsche Reich ergangene Kaiserliche Verordnungen:

αα) V. v. 23. Dez. 1871 zur Verhütung des Zusammen- stoßens der Schiffe auf See. (RGB. 1871 S. 475). Aufgehoben und ersetzt durch V. v. 7. Jan. 1880 zur Verhütung des Zusammenstoßens der Schiffe auf See. (RGB. 1880 S. 1). Dazu: V. v. 16. Febr. 1881, betr. die Suspension des Art. 10 der V. v. 7. Jan. 1880. (RGB. 1881 S. 28).

ββ) V. v. 15. Aug. 1876 über das Verhalten der Schiffer nach einem Zusammenstoß von Schiffen auf See. (RGB. 1876 S. 189).

γγ) Noth- und Lootsen-Signalordnung für Schiffe auf See und auf den Küstengewässern v. 14. Aug. 1876. (RGB. 1876 S. 187).

2. RG. v. 4. Dez. 1876, betr. die Schonzeit für den Fang von Robben. (RGB. 1876 S. 233).

Dazu: V. v. 29. März 1877, betr. die Schonzeit für den Fang von Robben. (RGB. 1877 S. 409).

3. RG. v. 4. Mai 1874, betr. die Verhinderung der unbefugten Ausübung von Kirchenämtern. (RGB. 1874 S. 43).

4. Bezüglich des Militair-Strafrechts vgl. Anm. 1 a u. b u. Anm. 2 f zum Art. 61 der Reichsverfassung.

III. Gerichtsverfassung und gerichtliches Verfahren.

1. BG. v. 12. Juni 1869, betr. die Errichtung eines obersten Gerichtshofes für Handelssachen. (BGB. 1869 S. 201). Auch gültig für Baden und Südhessen, zuf. Art. 80 unter L. 17 der mit Baden und Hessen vereinbarten Verf. (BGB. 1870 S. 647),

für Württemberg, zuf. Art. 2 Nr. 6 des Vertr. vom 25. Nov. 1870 (BGB. 1870 S. 656), und für Bayern (mit einer Abänderung), zuf. § 6 des RG. v. 22. April 1871. (BGB. 1871 S. 89[1]).

Dazu:

α) V. v. 22. Juni 1870, betr. die Ausführung des Gesetzes wegen Errichtung eines obersten Gerichtshofes für Handelssachen v. 12. Juni 1869. (BGB. 1870 S. 418).

β) RG. v. 29. März 1873, betr. die dem Reichs-Oberhandelsgerichte gegen Rechsanwalte und Advokaten zustehenden Disziplinarbefugnisse. (RGB. 1873 S. 60).

γ) RG. v. 14. Juni 1871, betr. die Bestellung des Reichs-Oberhandelsgerichts zum obersten Gerichtshofe für Elsaß-Lothringen. (RGB. 1871 S. 315, GB. f. Els.-Lothr. 1871 S. 249).

δ) Erweiterungen der Zuständigkeit des Reichs-Oberhandelsgerichts durch § 2 des RG. v. 1. Juni 1870, betr. die Abgaben von der Flößerei (BGB. 1870 S. 312), durch § 32 des RG. v. 11. Juni 1870, betr. das Urheberrecht an Schriftwerken, Abbildungen, musikalischen Kompositionen und dramatischen Werken (BGB. 1870 S. 346), desgl. § 16 des RG. v. 9. Jan. 1876, betr. das Urheberrecht an Werken der bildenden Künste (RGB. 1876 S. 4), sowie § 9 des RG. v. 10. Jan. 1876, betr. den Schutz der Photographien gegen unbefugte Nachbildung (RGB. 1876 S. 8), und §§ 14, 15 des RG. v. 11. Jan. 1876, betr. das Urheberrecht an Mustern und Modellen (RGB. 1876 S. 11), ferner durch §§ 32, 37 des Reichs-Patentgesetzes v. 25. Mai 1877 (RGB. 1877 S. 509), durch § 3 des RG. v. 22. April 1871, betr. die

---

[1] Vgl. hierzu Protokoll v. 15. Nov. 1870, betr. die Vereinbarung zwischen dem Nordd. Bunde, Baden und Hessen über Gründung des D. Bundes unter 9 zum Art. 80 der Verf. (BGB. 1870 S. 650) oben Anlage V und Verhandlung v. 25. Nov. 1870 über den Beitritt Württembergs (BGB. 1870 S. 657) oben Anlage III.

Einführung Norddb. Bundesgesetze in Bayern [dritte Instanz
für die Gerichtsbarkeit der Reichskonsuln] (RGB. 1871
S. 88), und § 10 des RG. v. 7. Juni 1871, betr. die Verbindlichkeit zum Schadensersatz für die bei dem Betriebe
von Eisenbahnen, Bergwerken rc. herbeigeführten Tödtungen
und Körperverletzungen. (RGB. 1871 S. 209).

> ε) Die zur Zuständigkeit des Reichsoberhandelsgerichts ge-
> hörigen Sachen sind auf das Reichsgericht übergegangen.
> (Einführungsgesetz zum Gerichtsverf.-Gef. v. 27. Jan. 1877
> § 14, RGB. 1877 S. 79).

2. BG. v. 29. Mai 1868, betr. die Aufhebung der Schuldhaft.
(BGB. 1868 S. 237). Auch gültig für Baden und Südhessen,
zuf. Art. 80 unter I. 8 der mit Baden und Hessen vereinbarten
Verf. (BGB. 1870 S. 647), für Württemberg, zuf. Art. 2 Nr. 6
des Vertr. v. 25. Nov. 1870 (BGB. 1870 S. 656), und für Bayern,
zuf. § 2 unter I. Nr. 4 des RG. v. 22. April 1871. (RGB.
1871 S. 87).

3. BG. v. 21. Juni 1869, betr. die Beschlagnahme des Arbeits-
und Dienstlohnes. (BGB. 1869 S. 242—243). Auch gültig für
Baden und Südhessen, zuf. Art. 80 unter I. 18 der mit Baden
und Hessen vereinbarten Verf. (BGB. 1870 S. 647), für Württemberg, zuf. Art. 2 unter II. 1 des Vertr. v. 25. Nov. 1870 (BGB.
1870 S. 656) und für Bayern, zuf. § 2 unter I. 9 des G. v.
22. April 1871. (BGB. 1871 S. 88).

4. RG. v. 12. Mai 1873, betr. das Aufgebot und die Amortisation
verlorener oder vernichteter Schuldurkunden des Norddb. Bundes
und des Deutschen Reichs. (RGB. 1873 S. 91). Auch gültig für
Elsaß-Lothringen zuf. RG. v. 8. Febr. 1875 Ziffer 4. (RGB.
1875 S. 69).

5. a. Gerichtsverfassungsgesetz, nebst Einführungsgesetz zu demselben
· v. 27. Jan. 1877. (RGB. 1877 S. 41 ff.).

Dazu:

> α) RG. v. 11. April 1877 über den Sitz des Reichsgerichts.
> (RGB. 1877 S. 415).

> β) RG. v. 16. Juni 1879, betr. den Uebergang von Ge-
> schäften auf das Reichsgericht. (RGB. 1879 S. 157).

v. Rönne, Reichsverfassung. 4. Aufl. 12

γ) B. v. 27. Sept. 1879, betr. die Einrichtung von Hülfs=
senaten bei dem Reichsgerichte. (RGB. 1879 S. 299).

δ) B. v. 26. Sept 1879, betr. die Uebertragung Preußischer
Rechtssachen auf das Reichsgericht. (RGB. 1879 S. 287).

B. v. 26. Sept. 1879, betr. die Uebertragung Badischer
Rechtssachen auf das Reichsgericht. (RGB. 1879 S. 288).

B. v. 26. Sept. 1879, betr. die Uebertragung Hessischer
Rechtssachen auf das Reichsgericht. (RGB. 1879 S. 289).

B. v. 26. Sept. 1879, betr. die Uebertragung Olden=
burgischer Rechtssachen auf das Reichsgericht. (RGB. 1879
S. 290).

B. v. 26. Sept. 1879, betr. die Uebertragung Sachsen=
Weimarscher und Sachsen=Meiningenscher Rechtssachen auf
das Reichsgericht. (RGB. 1879 S. 291).

B. v. 26. Sept. 1879, betr. die Uebertragung An=
haltischer Rechtssachen auf das Reichsgericht. (RGB. 1879
S. 292).

B. v. 26. Sept. 1879, betr. die Uebertragung Schwarz=
burg=Sondershausenscher Rechtssachen auf das Reichsgericht.
(RGB. 1879 S. 293).

B. v. 26 Sept. 1879, betr. die Uebertragung Schwarz=
burg=Rudolstädtscher Rechtssachen auf das Reichsgericht.
(RGB. 1879 S. 294).

B. v. 26. Sept. 1879, betr. die Uebertragung Waldeck=
scher Rechtssachen auf das Reichsgericht. (RGB. 1879 S. 295).

B. v. 26. Sept. 1879, betr. die Uebertragung Schaum=
burg=Lippescher Rechtssachen auf das Reichsgericht. (RGB.
1879 S. 296).

B. v. 26. Sept. 1879, betr. die Zuweisung rechts=
anhängiger Sachen aus den drei freien Hansestädten auf
das Reichsgericht. (RGB. 1879 S. 297).

B. v. 26. Sept. 1879, betr. die Zuständigkeit des Reichs=
gerichts in Streitigkeiten über die Zulässigkeit des Rechts=
weges in Bremischen Sachen. (RGB. 1879 S. 298).

b. Civilprozeßordnung, nebst Einführungsgesetz zu derselben v.
30. Jan. 1877. (RGB. 1877 S. 83 ff.).

Dazu:

V. v. 28. Sept. 1879, betr. die Begründung der Revision in bürgerlichen Rechtsstreitigkeiten (RGB. 1879 S. 299 und Druckfehlerberichtigung RGB. 1880 S. 98), nebst Bekanntmachung des Reichskanzlers v. 11. April 1880. (RGB. 1880 S. 102).

RG. v. 15. März 1881, betr. die Begründung der Revision in bürgerlichen Rechtsstreitigkeiten. (RGB. 1881 S. 88).

c. Strafprozeßordnung, nebst Einführungsgesetz zu derselben v. 1. Febr. 1877. (RGB. 1877 S. 253 ff.).

d. Konkursordnung, nebst Einführungsgesetz zu derselben v. 10. Febr. 1877. (RGB. 1877 S. 351 ff.).

e. Gerichtskostengesetz v. 18. Juni 1878[1]). (RGB. 1878 S. 141).

Gebührenordnung für die Gerichtsvollzieher v. 24. Juni 1878. (RGB. 1878 S. 166).

Gebührenordnung für Zeugen und Sachverständige v. 30. Juni 1878. (RGB. 1878 S. 173).

RG. v. 29. Juni 1881, betr. die Abänderung von Bestimmungen des Gerichtskostengesetzes und der Gebührenordnung für Gerichtsvollzieher. (RGB. 1881 S. 178).

f. Rechtsanwaltsordnung v. 1. Juli 1878. (RGB. 1878 S. 177).

Gebührenordnung für Rechtsanwälte. (RGB. 1879 S. 176).

g. Ausführungs-Erlasse für Elsaß-Lothringen zu den Reichsjustizgesetzen:

G. für Elsaß-Lothringen v. 4. Nov. 1878, betr. die Ausführung des Gerichtsverfassungsgesetzes. (GB. f. Elf.-Lothr. 1878 S. 65).

G. für Elsaß-Lothringen v. 8. Juli 1879, betr. die Ausführung der Civilprozeßordnung, der Konkursordnung und der Strafprozeßordnung. (GB. f. Elf.-Lothr. 1879 S. 67).

---

[1]) Vgl. Anweisung des Bundesrathes v. 23. April 1880, betr. den zum Zwecke der Einziehung von Gerichtskosten unter den Bundesstaaten zu leistenden Beistand. (R.C.Bl. 1880 S. 278). Dazu: Verzeichniß der Behörden (Kassen), an welche das Ersuchen um Einziehung zu richten ist. (a. a. O. S. 604).

G. für Elsaß-Lothringen v. 31. März 1880, betr. die Ver=
gütung der Reisekosten für die Geschworenen, die Ver=
trauensmänner und die Schöffen. (GB. f. Els.=Lothr. 1880
S. 57).

G. für Elsaß-Lothringen v. 3. April 1880, betr. die Aus=
führung des Gerichtskostengesetzes und der Gebührenordnung
für Rechtsanwälte, für Gerichtsvollzieher und für Zeugen
und Sachverständige. (GB. f. Els.=Lothr. 1880 S. 58).

G. v. 30. April 1880 über die Zwangsvollstreckung in das
unbewegliche Vermögen, einschließlich der Vollziehung des
Arrestes und einstweiliger Verfügungen über das Hypotheken=
Reinigungsverfahren und über das Verkleinerungsverfahren.
(GB. f. Els.=Lothr. 1880 S. 93).

G. v. 30. Juli 1880, betr. die Ernennung der Subaltern=
beamten bei den Gerichten. (GB. f. Els.=Lothr. 1880 S. 128).

V. des Reichskanzlers v. 13. Juni 1879 zur Ausführung
der Reichsjustizgesetze. (GB. f. Els.=Lothr. 1879 S. 61).

V. des Kaiserl. Statthalters v. 26. Jan. 1880, betr. Hülfs=
beamte der Staatsanwaltschaft. (GB. f. Els.=Lothr. 1880
S. 6).

Kaiserl. V. v. 18. Febr. 1880, betr. die für die Bestimmung
des Dienstalters der richterlichen und staatsanwaltschaftlichen
Beamten maßgebenden Grundsätze. (GB. f. Els.=Lothr. 1880
S. 7).

Kaiserl. V. v. 29. April 1880, betr. die Bildung von Se=
naten bei dem Oberlandesgericht in Colmar. (GB. f. Els.=
Lothr. 1880 S. 121).

6. BG. v. 21. Juli 1870, betr. die zu Gunsten der Militairpersonen
eintretende Einstellung des Civilprozeß=Verfahrens. (BGB. 1870
S. 493).

IV. Polizeiliche Gesetze.

1. BG. v. 1. Juli 1868, betr. die Schließung und Beschränkung der
öffentlichen Spielbanken. (BGB. 1868 S. 367). Auch gültig für
Südhessen, zuf. Art. 80 unter 2 der mit Baden und Hessen
vereinbarten Verf. (BGB. 1870 S. 647), für Württemberg, zuf.

Art. 2 Nr. 6 des Vertr. v. 25. Nov. 1870 (BGB. 1870 S. 656), und für Bayern, zuf. § 2 unter I. 6 des RG. v. 22. April 1871. (BGB. 1871 S. 87). Nicht eingeführt in Baden, wo bereits ein gleiches Landesgesetz bestand.

2. RG. v. 6. März 1875, betr. Maßregeln gegen die Reblauskrankheit. (RGB. 1875 S. 175).

B. v. 11. Febr. 1873, betr. das Verbot der Einfuhr von Reben zum Verpflanzen (RGB. 1873 S. 43), und B. v. 31. Okt. 1879, betr. das Verbot der Einfuhr von Reben und sonstigen Theilen des Weinstocks. (RGB. 1879 S. 303).

Internationale Uebereinkunft v. 17. Sept. 1878, betr. Maßregeln gegen die Reblaus. (RGB. 1880 S. 15). — Dazu: Bekanntmachungen des Reichskanzlers v. 5. April 1880, betr. den Beitritt des Großherzogthums Luxemburg, und v. 31. Mai 1880, über den Beitritt des Fürstenthums Serbien zu dieser Uebereinkunft. (RGB. 1880 S. 108 u. 118).

3. B. v. 26. Febr. 1875, betr. das Verbot der Einfuhr von Kartoffeln aus Amerika, sowie von Abfällen und Verpackungsmaterial solcher Kartoffeln. (RGB. 1875 S. 135).

Anlage X.
Bündnißvertrag mit Bayern v. 23. Nov. 1870 (BGB. 1871 S. 9 ff.) unten III. § 5.

Anlangend die Artikel 57. bis 68. von dem Bundes-Kriegswesen, so findet Artikel 57. Anwendung auf das Königreich Bayern. Artikel 58. ist gleichfalls für das Königreich Bayern gültig. Dieser Artikel erhält jedoch für Bayern folgenden Zusatz:

Der in diesem Artikel bezeichneten Verpflichtung wird von Bayern in der Art entsprochen, daß es die Kosten und Lasten seines Kriegswesens, den Unterhalt der auf seinem Gebiete belegenen festen Plätze und sonstigen Fortifikationen einbegriffen, ausschließlich und allein trägt.

Artikel 59. hat gleichwie der Artikel 60. für Bayern gesetzliche Geltung.

Die Artikel 61. bis 68. finden auf Bayern keine Anwendung. An deren Stelle treten folgende Bestimmungen:

I. Bayern behält zunächst seine Militairgesetzgebung nebst den dazu gehörigen Vollzugs-Instruktionen, Verordnungen, Erläuterungen ꝛc. bis zur verfassungsmäßigen Beschlußfassung über die der Bundesgesetzgebung anheimfallenden Materien, resp. bis zur freien Verständigung bezüglich der Einführung der bereits vor dem Eintritte Bayerns in den Bund in dieser Hinsicht erlassenen Gesetze und sonstigen Bestimmungen.

II. Bayern verpflichtet sich, für sein Kontingent und die zu demselben gehörigen Einrichtungen einen gleichen Geldbetrag zu verwenden, wie nach Verhältniß der Kopfstärke durch den Militair-Etat des Deutschen Bundes für die übrigen Theile des Bundesheeres ausgesetzt wird. Dieser Geldbetrag wird im Bundesbudget für das Königlich Bayerische Kontingent in einer Summe ausgeworfen. Seine Verausgabung wird durch Spezial-Etats geregelt, deren Aufstellung Bayern überbleibt. Hierfür werden im Allgemeinen diejenigen Etatsansätze nach Verhältniß zur Richtschnur dienen, welche für das übrige Bundesheer in den einzelnen Titeln ausgeworfen sind.

III. Das Bayerische Heer bildet einen in sich geschlossenen Bestandtheil des Deutschen Bundesheeres mit selbstständiger Verwaltung, unter der Militairhoheit Seiner Majestät des Königs von Bayern; im Kriege — und zwar mit Beginn der Mobilisirung — unter dem Befehle des Bundesfeldherrn. In Bezug auf Organisation, Formation, Ausbildung und Gebühren, dann hinsichtlich der Mobilmachung wird Bayern volle Uebereinstimmung mit den für das Bundesheer bestehenden Normen herstellen. Bezüglich der Bewaffnung und Ausrüstung, sowie der Gradabzeichen behält sich die Königlich Bayerische Regierung die Herstellung der vollen Uebereinstimmung mit dem Bundesheere vor. Der Bundesfeldherr hat die Pflicht und das Recht, sich durch Inspektionen von der Uebereinstimmung in Organisation, Formation und Ausbildung, sowie von der Vollzähligkeit und Kriegstüchtigkeit des Bayerischen Kontingents Ueberzeugung zu verschaffen und wird sich über die Modalitäten der jeweiligen Vornahme und über das Ergebniß dieser Inspektionen mit Seiner Majestät dem Könige von Bayern ins Vernehmen setzen. Die An- ordnung der Kriegsbereitschaft (Mobilisirung) des Bayerischen Kontingents oder eines Theils desselben erfolgt auf Veran- lassung des Bundesfeldherrn durch Seine Majestät den König von Bayern. Zur steten gegenseitigen Information in den durch von diese Vereinbarung geschaffenen militairischen Beziehungen erhalten die Militair=Bevollmächtigten in Berlin und München über die einschlägigen Anordnungen entsprechende Mittheilung durch die resp. Kriegsministerien.

IV. Im Kriege sind die Bayerischen Truppen verpflichtet, den Be- fehlen des Bundesfeldherrn unbedingt Folge zu leisten. Diese Verpflichtung wird in den Fahneneid aufgenommen.

V. Die Anlage von neuen Befestigungen auf Bayerischem Ge- biete im Interesse der gesammtdeutschen Vertheidigung wird Bayern im Wege jeweiliger spezieller Vereinbarung zugestehen. An den Kosten für den Bau und die Ausrüstung solcher Be- festigungsanlagen auf seinem Gebiete betheiligt sich Bayern in dem seiner Bevölkerungszahl entsprechenden Verhältnisse gleichmäßig mit den anderen Staaten des Deutschen Bundes; ebenso an den für sonstige Festungsanlagen etwa Seitens des Bundes zu bewilligenden Extraordinarien[1]).

VI. Die Voraussetzungen, unter welchen wegen Bedrohung der öffentlichen Sicherheit das Bundesgebiet oder ein Theil des- selben durch den Bundesfeldherrn in Kriegszustand erklärt werden kann, die Form der Verkündigung und die Wirkungen einer solchen Erklärung werden durch ein Bundesgesetz ge- regelt.

---

[1]) Vgl. hierzu Schluß=Prot. zu dem Vertr. v. 23. Nov. 1870, betr. den Beitritt Bayerns zur Verf. des Deutschen Bundes (RGB. 1871 S. 23 ff.) unter XIV. (Oben Anlage VII.)

VII. Vorstehende Bestimmungen treten mit dem 1. Januar 1872. in Wirksamkeit.

Anlage XI.

Militair = Konvention zwischen dem Nordd. Bunde und Württemberg, d. d. $\frac{\text{Versailles}}{\text{Berlin}}$ b. $\frac{21.}{25.}$ Nov. 1870.

(BGB. 1870 S. 658.)

Art. 1. Die Königlich Württembergischen Truppen als Theil des Deutschen Bundesheeres bilden ein in sich geschlossenes Armeekorps nach der anliegenden Formation[1] nebst der entsprechenden Anzahl von Ersatz= und Besatzungstruppen nach Preußischen Normen im Falle der Mobilmachung oder Kriegsbereitschaft.

Art. 2. Die hierdurch bedingte neue Organisation der Königlich Württembergischen Truppen soll in drei Jahren nach erfolgter Anordnung zur Rückkehr von dem gegenwärtigen Kriegsstand auf den Friedensfuß vollendet sein.

Art. 3. Von dieser Rückkehr an bilden, beginnend mit einem noch näher zu bestimmenden Tage, die Königlich Württembergischen Truppen das vierzehnte Deutsche Bundes=Armeekorps mit ihren eigenen Fahnen und Feldzeichen und erhalten die Divisionen, Brigaden, Regimenter und selbstständigen Bataillone des Armeekorps die entsprechende laufende Nummer in dem Deutschen Bundesheere neben der Nummerirung im Königlich Württembergischen Verbande.

Art. 4. Die Unterstellung der Königlich Württembergischen Truppen unter den Oberbefehl Seiner Majestät des Königs von Preußen als Bundesfeldherrn beginnt ebenfalls an einem noch näher zu bestimmenden Tage und wird in den bisherigen Fahneneid in der Weise aufgenommen, daß es an der betreffenden Stelle heißt:

„daß ich Seiner Majestät dem Könige während meiner Dienstzeit als Soldat treu dienen, dem Bundesfeldherrn und den Kriegs=

---

[1] Vgl. die vereinbarte Friedens= und Kriegs=Formation des Königl. Württembergischen Armeekorps im BGB. 1870 S. 663 ff.

geſeten Gehorſam leiſten und mich ſtets als tapferer und ehr-
liebender Soldat verhalten will. So wahr mir Gott helfe."

Art. 5. Die Ernennung, Beförderung, Verſetzung u. ſ. w. der
Offiziere und Beamten des Königlich Württembergiſchen Armeekorps
erfolgt durch Seine Majeſtät den König von Württemberg, diejenige
des Höchſtkommandirenden für das Armeekorps nach vorgängiger Zuſtimmung Seiner Majeſtät des Königs von Preußen als Bundesfeldherr. Seine Majeſtät der König von Württemberg genießt als
Chef Seiner Truppen die Ihm Allerhöchſt zuſtehenden Ehren und
Rechte und übt die entſprechenden gerichtsherrlichen Befugniſſe ſammt
dem Beſtätigungsund Begnadigungsrecht bei Erkenntniſſen gegen
Angehörige des Armeekorps aus, welche über die Befugniſſe des
Armeekorps-Kommandanten, beziehungsweiſe des Königlich Württembergiſchen Kriegsminiſteriums hinausgehen.

Art. 6. Unbeſchadet der dem Bundesfeldherrn gemäß der
Bundesverfaſſung zuſtehenden Rechte der Diſponirung über alle
Bundestruppen und ihrer Dislocirung ſoll für die Dauer friedlicher
Verhältniſſe das Württembergiſche Armeekorps in ſeinem Verband
und in ſeiner Gliederung erhalten bleiben und im eigenen Lande
dislocirt ſein; eine hiervon abweichende Anordnung des Bundesfeldherrn, ſowie die Dislocirung anderer Deutſcher Truppentheile
in das Königreich Württemberg ſoll in friedlichen Zeiten nur mit
Zuſtimmung Seiner Majeſtät des Königs von Württemberg erfolgen,
ſofern es ſich nicht um Beſetzung Süddeutſcher oder Weſtdeutſcher
Feſtungen handelt.

Art. 7. Ueber die Ernennung der Kommandanten für die im
Königreiche Württemberg gelegenen feſten Plätze, welche nach Artikel 64.
der Bundesverfaſſung dem Bundesfeldherrn zuſteht, ſowie über die
Demſelben gleichermaßen zuſtehende Berechtigung, neue Befeſtigungen
innerhalb des Königreichs anzulegen, wird ſich der Bundesfeldherr
eintretenden Falls mit dem Könige von Württemberg vorher in Vernehmen ſetzen; ebenſo wenn der Bundesfeldherr einen von Ihm
zu ernennenden Offizier aus dem Königlich Württembergiſchen Armeekorps wählen will. Um der Beurtheilung dieſer Ernennungen eine
Grundlage zu gewähren, werden über die Offiziere des Königlich
Württembergiſchen Armeekorps vom Stabsoffizier aufwärts all-

jährlich Personal= und Qualifikationsberichte nach Preußischem Schema aufgestellt und Seiner Majestät dem Bundesfeldherrn vorgelegt.

Art. 8. Zur Beförderung der Gleichmäßigkeit in der Ausbildung und dem inneren Dienst der Truppen werden nach gegenseitiger Ver= abredung einige Königlich Württembergische Offiziere je auf 1—2 Jahre in die Königlich Preußische Armee, und Königlich Preußische Offiziere in das Königlich Württembergische Armeekorps kommandirt. Hinsichtlich etwa wünschenswerther Versetzung einzelner Offiziere aus Königlich Württembergischen Diensten in die Königlich Preußische Armee oder umgekehrt haben in jedem Spezialfalle besondere Ver= abredungen stattzufinden.

Art. 9. Der Bundesfeldherr, welchem nach Artikel 63. das Recht zusteht, sich jederzeit durch Inspektionen von der Verfassung der ein= zelnen Kontingente zu überzeugen, wird die Königlich Württem= bergischen Truppen alljährlich mindestens einmal entweder Allerhöchst selbst inspiziren, oder durch zu ernennende Inspekteure, deren Personen vorher Seiner Majestät dem Könige von Württemberg bezeichnet werden sollen, in den Garnisonen oder bei den Uebungen inspiziren lassen. Die in Folge solcher Inspizirungen bemerkten sachlichen und per= sönlichen Mißstände wird der Bundesfeldherr dem Könige von Württemberg mittheilen, welcher Seinerseits dieselben abstellen und von dem Geschehenen alsdann dem Bundesfeldherrn Anzeige machen läßt.

Art. 10. Für die Organisation des Königlich Württembergischen Armeekorps sind — so lange und insoweit nicht auf dem Wege der Bundesgesetzgebung anders bestimmt wird — die derzeitigen Preußischen Normen maßgebend. Es kommen demgemäß in dem Königreiche Württemberg, außer dem Norddeutschen Gesetz über die Verpflichtung zum Kriegsdienste vom 9. November 1867., nebst der dazu gehörigen Militair=Ersatzinstruktion vom 26. März 1868,. ins= besondere alle Preußischen Exercier= und sonstigen Reglements, In= struktionen und Reskripte zur Ausführung, namentlich die Verord= nung über die Ehrengerichte vom 20. Juli 1843., die für Krieg und Frieden gegebenen Bestimmungen über Aushebung, Dienstzeit, Servis=, Verpflegungs= und Invalidenwesen, Mobilmachung u. s. w., über den Ersatz des Offizierkorps und über das Militair=Erziehungs= und Bildungswesen. Ausgenommen sind von der Gemeinschaft in

den Einrichtungen des Königlich Württembergischen Armeekorps mit
denjenigen der Königlich Preußischen Armee: die Militair=Kirchen=
ordnung, das Militair=Strafgesetzbuch und die Militair=Straf=
gerichtsordnung, sowie die Bestimmungen über Einquartierung und
Ersatz von Flurbeschädigungen, worüber in dem Königreiche Württem=
berg die derzeit bestehenden Gesetze und Einrichtungen vorerst und
bis zur Regelung im Wege der Bundesgesetzgebung in Geltung ver=
bleiben. Die Gradabzeichen, sowie die Benennungen und der Modus
der Verwaltung sind in dem Königlich Württembergischen Armee=
korps dieselben wie in der Königlich Preußischen Armee. Die Be=
stimmungen über die Bekleidung für das Königlich Württembergische
Armeekorps werden von Seiner Majestät dem Könige von Württem=
berg gegeben und es soll dabei den Verhältnissen der Bundesarmee
die möglichste Rechnung getragen werden.

Art. 11. Im Falle eines Krieges steht von dessen Ausbruch bis
zu dessen Beendigung die obere Leitung des Telegraphenwesens,
soweit solches für die Kriegszwecke eingerichtet ist, dem Bundes=
feldherrn zu. Die Königlich Württembergische Regierung wird bereits
während des Friedens die bezüglichen Einrichtungen in Ueberein=
stimmung mit denjenigen des Norddeutschen Bundes treffen, und
insbesondere bei dem Ausbau des Telegraphennetzes darauf Bedacht
nehmen, auch eine der Kriegsstärke ihres Armeekorps entsprechende
Feldtelegraphie zu organisiren.

Art. 12. Aus der von Württemberg nach Artikel 62. der Bundes=
verfassung zur Verfügung zu stellenden Summe bestreitet die Königlich
Württembergische Regierung, nach Maaßgabe des Bundeshaushalts=
Etats, den Aufwand für die Unterhaltung des Königlich Württem=
bergischen Armeekorps, einschließlich Neuanschaffungen, Bauten,
Einrichtungen u. s. w. in selbstständiger Verwaltung, sowie den An=
theil Württembergs an den Kosten für die gemeinschaftlichen Ein=
richtungen des Gesammtheeres — Central=Administration, Festungen,
Unterhaltung der Militair=Bildungs=Anstalten, einschließlich der
Kriegsschulen und der militairärztlichen Bildungs=Anstalten, der
Examinations=Kommissionen, der militairwissenschaftlichen und tech=
nischen Institute, des Lehrbataillons, der Militair= und Artillerie=
Schießschule, der Militair=Reitschule, der Central=Turnanstalt und

des großen Generalstabs. Ersparnisse, welche unter voller Erfüllung der Bundespflichten als Ergebnisse der obwaltenden besonderen Verhältnisse möglich werden, verbleiben zur Verfügung Württembergs. Das Königlich Württembergische Armeekorps participirt an den gemeinschaftlichen Einrichtungen und wird im großen Generalstabe verhältnißmäßig vertreten sein.

Art. 13. Die Zahlung der von Württember gnach Artikel 62. der Bundesverfassung aufzubringenden Summe beginnt mit dem ersten Tage des Monats, welcher auf die Anordnung zur Rückkehr der Königlich Württembergischen Truppen von dem Kriegszustande auf den Friedensfuß folgt. In den Etat und die Abrechnung des Bundesheeres tritt das Königlich Württembergische Armeekorps jedoch erst mit dem 1. Januar 1872. ein. Während der im Artikel 2. verabredeten dreijährigen Uebergangszeit wird für den Etat des Königlich Württembergischen Armeekorps die Rücksicht auf die, in dieser Periode zu vollziehende neue Organisation maaßgebend sein, und zwar sowohl in Beziehung auf die in Ansatz zu bringenden Beträge, als auch in Beziehung auf die Zulässigkeit der gegenseitigen Uebertragung einzelner Titel und der Uebertragung gleichnamiger Titel aus einem Jahre ins andere.

Art. 14. Verstärkungen der Königlich Württembergischen Truppen durch Einziehung der Beurlaubten, sowie die Kriegsformationen derselben und endlich deren Mobilmachung hängen von den Anordnungen des Bundesfeldherrn ab. Solchen Anordnungen ist allezeit und im ganzen Umfange Folge zu leisten. Die hierdurch erwachsenden Kosten trägt die Bundeskasse, jedoch sind die Württembergischen Kassen verpflichtet, insoweit ihre vorhandenen Fonds ausreichen, die nothwendigen Gelder vorzuschießen.

Art. 15. Zur Vermittelung der dienstlichen Beziehungen des Königlich Württembergischen Armeekorps zu dem Deutschen Bundesheer findet ein direkter Schriftwechsel zwischen dem Königlich Preußischen und dem Königlich Württembergischen Kriegsministerium statt und erhält letzteres auf diese Weise alle betreffenden zur Zeit gültigen oder später zu erlassenden Reglements, Bestimmungen u. s. w. zur entsprechenden Ausführung. Nebendem wird die Königlich Württembergische Regierung jederzeit in dem Bundesausschuß für das Landheer und die Festungen vertreten sein.

Sachregister.

Die Zahlen bedeuten die Seiten.

A.

B.

C.

D.

E.

F.

G.

Hohlmaaße, cylindrische; Fehler=
grenze derselben 45.
Holland s. Niederlande.

Hülfskassen; R.G. über d. einge=
schriebenen 40.

J.

Jadehafen; als Reichskriegshafen
115.
Jesuiten, s. Orden Jesu.
Immobiliar = Versicherungs=
wesen; Vorbehalt Bayerns in
Betreff desselben 41. 165.
Impfzwang (Reichs = Impfgesetz)
55.
Indigenat; gemeinsames für ganz
Deutschland 80—84.
Ingolstadt (Festung) 168.
Inhaberpapiere m. Prämien;
R.G. darüber u. Bekanntmach=

ungen zu dessen Ausführung
171; Vereinnahmung der Ab=
stempelungsgebühr z. Reichskasse
141.
Invalidenfonds, s. Reichs-In=
validenfonds.
Italien; Uebereinkunft wegen
Schutz d. geist. Eigenthums 50.
Justizangelegenheiten; Ausschuß
im Bundesrath f. d. Justizwesen
60; Beschwerde über Justizver=
weigerung 148.

K.

Kaiser; d. Präsidium d. Deutschen
Bundes steht dem Könige von
Preußen zu, welcher d. Namen
Deutscher Kaiser führt 61; Rechte
u. Pflichten d. Kaisers in Be=
zug auf d. Kriegsverf. u. d.
Militairwesen 60. 61. 62. 135.
136. 137. 182—188; in Bezug
auf völkerrechtl. Vertretung d.
Reiches 61; in Bezug auf d.
Bundesrath u. dessen Mitglieder
57. 59. 60. 61. 63. 95; in Bezug
auf d. Reichstag 64. 84; in Be=
treff d. Post= u. Telegraphen=
verwaltung 109. 110. 112; sonstige
Rechte des Kaisers 64. 65. 77.
84. 95. 105. 121.
Kaiser-Wilhelm-Stiftung 76.
Kaiserwürde; Wiederherstellung
d. Deutschen Kaiserwürde 10.
Kalk; Verordnung über d. Maaße
u. Meßwerkzeuge 44.
Kartoffeln; Verbot der Einfuhr
181.

Kauffahrteischiffe (Handelsschiffe)
aller Bundesstaaten als einheitl.
Handelsmarine 117; gleichmäß.
Behandlung d. Deutschen Kauf=
fahrteischiffe 119; Flagge der=
selben 121; R.G. über deren
Nationalität u. R.G. über deren
Registrirung u. Bezeichnung
117. 150. 155; R.G. über deren
Verpflichtung zur Mitnahme
hülfsbedürftiger Seeleute 118; —
s. Schiffe.
Kautionen; R.G. u. Vorschriften
über die Kautionen der Reichs=
beamten 74. 75. 151. 155.
Kiel; Kieler Hafen als Reichs=
kriegshafen 115.
Kirchenämter; Verhinderung un=
befugter Ausübung 82.
Kolonisation u. Auswanderung;
Aufsicht u. Gesetzgebung d. Reiches
darüber 85.
Kommanditgesellschaften auf

L.

M.

N.

O.

P.

Q.

R.

senaten bei demselben 178; Uebertragung Preußischer, Badischer,
Hessischer, Oldenburgischer,
Sachsen=Weimarscher, Sachsen=
Meiningenscher, Anhaltischer,
Schwarzburg = Sondershausen=
scher, Schwarzburg=Rudolstädt=
scher, Waldeckscher, Schaumburg=
Lippescher Rechtssachen auf dasselbe 178; Zuweisung rechts-
anhängiger Sachen aus den 3
freien Hansestädten an dasselbe
178; Zuständigkeit desselben bei
Bremischen Rechtssachen 178.
Reichsgesandte; Beglaubigung
derselben durch d. Kaiser 61;
deren Vertretung durch Kgl.
Bayerische Gesandte 62. 166.
Reichsgesetzblatt; Verkündigung
d. Reichsgesetze durch dass. 28. 29.
Reichsgesetze (Bundesgesetze) gehen d. Landesgesetzen vor 28;
Entstehung, Ausfertigung, Verkündigung u. Inkrafttreten derselben 28. 29. 30. 56. 58. 59. 64.
84. 95. 96. 143.
Reichsgesetzgebung; Wirkung
ders. 28; Gegenstände ders. 34
—56; Ausübung durch Bundesrath u. Reichstag 56.
Reichsgoldmünzen; R.G. betr.
die Ausprägung ders. 45; Erlaß
üb. d. einheitl. Benennung ders. 46.
Reichs-Hauptkasse 67. 68; s.
R e i ch s k a s s e.
Reichshaushalt; jährl. Feststellung durch Gesetz 138. 139;
Grundsätze für Aufstellung desselben 139; Kontrole desselben
68. 69. 143.
Reichsheer (Deutsches Heer, Landheer, Landmacht, Reichstruppen)
steht unter d. Befehl d. Kaisers
im Kriege u. Frieden 134—136;
d. Bayerische Heer steht im Frieden mit selbstständiger Verwaltung unter d. Militairhoheit d.
Königs v. Bayern 182; Ausschuß

im Bundesrath f. d. Landheer 59;
Verpflichtung zum Dienste im
Reichsheer 124. 125; Organisation
u. Eintheilung d. Reichsheeres
125. 126. 133. 134. 135; besondere
Bestimmungen über die Bayerischen u. Württembergischen
Truppen 133. 181—188; Ausgaben f. d. Bayerische Heer 134.
145. 182; Friedenspräsenzstärke
125. 126. 134; Bestreitung d.
Aufwandes f. d. — 133. 134;
Verwendung der z. Retablisse-
ment d. Heeres bestimmten Gelder 134. 142; Ehrengerichte 126;
Pensionirung u. Versorgung d.
Militairpersonen d. Reichsheeres
u. d. Kaiserl. Marine 128. 129;
Wohnungsgeldzuschüsse f. Offiziere u. Aerzte d. Reichsheeres
u. d. Kaiserl. Marine 128; Anleihen für dasselbe 143. 144.
Reichs-Invalidenfonds; R.G.
über dessen Gründung u. Verwaltung 70. 129; Kautionen der
bei demselben angestellten Beamten 75.
Reichs-Justizamt 67.
Reichskanzler; dessen Ernennung,
Rechte u. Verantwortlichkeit 63.
64. 65. 84. 139. 142; R.G. üb.
dessen Stellvertretung 64. 65;
Uebersicht d. unter seiner unmittelbaren Leitung bezw. Verantwortlichkeit stehend. Reichsbehörden 66—68.
Reichskanzler-Amt, s. Reichs-Amt
d. Innern.
Reichskasse; Einnahmen derselben
96. 97. 109. 133. 137. 138—142;
Ausgaben derselben 116. 133.
136. 138—142.
Reichskassenscheine; R.G. üb.
deren Ausgabe 46.
Reichskonsulargerichte 70.
Reichskonsulate (Bundeskonsulate) 51; stehen unter d. Aufsicht
des Kaisers 121; R.G. üb. deren

Organisation 30. 72. 122. 151. 156; Gebühren u. Kosten bei denf. 123; Dienstinstruktion, allgemeine, f. d. Reichskonsuln 123. 151; Schiffsmeldungen bei denselben 122; Zusage in Betr. Errichtung solcher, wenn dies d. Interesse der einzelnen Bundesstaaten fordern sollte 122. 162. 167; Einschränkung d. Gerichtsbarkeit d. deutschen Konsuln in Egypten 122. 123.

Reichskriegsflotte; Gründung u. Erhaltung derselben 115.

Reichskriegshafen sind d. Kieler u. der Jadehafen 115.

Reichskriegsmarine (Reichsmarine, Marine) ist Reichsangelegenheit 57; Flagge derselben 121; Organisation u. Dienst in ders. 116; R.G. betr. d. Geldbedarf z. Erweiterung derselben 116. 143; Anleihen für dieselbe 143. 144.

Reichskriegsschatz; R.G. üb. dessen Bildung u. Verwaltung 124.

Reichskriegswesen; allgem. Bestimmungen darüber 123—138; besondere Bestimmungen über d. Kriegswesen in Bayern u. Württemberg 138. 181—188; f. **Reichsheer.**

Reichsmilitairgesetz v. 2. Mai 1874 79. 126—128.

Reichs - Ober - Handelsgericht; Zuständigkeit desselben 151. 164. 166. 162. 175. 178.

Reichs-Oberseeamt 71; Geschäftsordnung desselben 71.

Reichs-Postamt 66. 67.

Reichs-Rayonkommission 71.

Reichs-Schatzamt 67.

Reichs - Schulden - Kommission; deren Verpflichtung u. Aufgabe 89.

Reichsschulden-Verwaltung 69.

Reichsstempelabgaben 141.

Reichsstempelmarken; die Ausgabe von solchen 140. 141.

Reichssteuern 139.

Reichstag; dessen Wahl, Mitgliederanzahl, Verhandlungen, Legislaturperiode, Rechte und Pflichten 77—87; Geschäfte desselben 56. 62. 64. 84. 142; Beleidigung d. Reichstags u. dessen Mitglieder 146; Auflösung desselben 84. 85; Vertagung desselben 85; Kautionen der im Bureau desselben angestellten Beamten 76.

Reichstagsabgeordnete; sind Vertreter d. ganzen Volks u. an Aufträge u. Instruktionen nicht gebunden 86; Verbot d. Beziehens v. Besoldung oder Entschädigung 87; können nicht Mitglieder d. Bundesrathes sein 61; Verlust des Sitzes u. d. Stimme im Reichstage wegen Annahme eines besoldeten Amtes, sowie wegen Eintritts in ein Amt im Reichs= oder Staatsdienste, mit welchem ein höherer Rang oder ein höheres Gehalt verbunden ist 83. 84; Unverletzlichkeit wegen ihrer Abstimmung oder wegen der in Ausübung ihres Berufs gethanen Aeußerungen 86. 87; Beleidigungen derselben in ihrem Beruf 146; Erforderniß d. Genehmigung d. Reichstags zur Einleitung einer Untersuchung oder Verhaftung v. Reichstagsabgeordneten während der Sitzungsperiode, Einstellung des Strafverfahrens sowie d. Civilhaft auf Verlangen des Reichstags f. d. Dauer d. Session 87; Stellvertretungskosten für in d. Reichstag gewählte Reichsbeamte 84.

Reichstagsgebäude; Errichtung u. Kosten desselben 78.

Reichstagswahlkreise; Abänderung von solchen 82.

Reichsverfassung; Aktenstücke dazu 13—15; strafbare Unter-

S.

V.

W.

3.

G. Pät'sche Buchdruckerei (Otto Hauthal) in Naumburg a/S.

9 781146 096713